LES

BLESSÉS DE JUILLET

A LA NATION, AU ROI

ET

A LA COMMISSION.

Paris.—Imprimerie d'HERHAN, rue St-Denis, n° 380.

LES
BLESSÉS DE JUILLET
A LA NATION, AU ROI
ET
A LA COMMISSION,

PAR VICTORIN LELIÈVRE,
AVOCAT,
COMBATTANT DE JUILLET.

Se vend au profit des blessés,
DONT L'AUTEUR EST LE MANDATAIRE.

PARIS,
CHEZ PETIT, ÉDITEUR, PASSAGE DU CAIRE, N° 89;
ET CHEZ TOUS LES MARCHANDS DE NOUVEAUTÉS.

1831.

AVANT-PROPOS.

J'ai dit que les combattans de juillet n'étaient pas récompensés.

J'ai dit qu'une injuste défiance planait sur eux.

J'ai dit que les places, les emplois n'étaient point donnés aux hommes de la révolution de juillet.

J'ai dit que la commission des récompenses nationales avait, par ses lenteurs, paralysé le beau mouvement des trois journées.

J'ai dit que, lorsqu'un gouvernement devait son existence à une révolution, il fallait franchement entrer dans les voies de cette révolution.

J'ai dit que les blessés de juillet avaient droit au produit entier des souscriptions nationales et étrangères.

J'ai dit qu'on ne pouvait le leur refuser, parce qu'elles ont été faites pour eux, pour l'urgence de leurs besoins.

J'ai dit qu'on les fesait languir.

J'ai dit qu'ils mourraient de faim, qu'ils

avaient vendu leurs effets mobiliers, leurs habillemens et qu'ils étaient sans ressources :

Que leurs propriétaires, au terme d'avril, après une longue attente, allaient les mettre à la porte.

J'ai dit que la commission des secours, sur des millions qu'elle a reçus, n'avait versé que 765,000 fr., comme le prouve la lettre de M. le commissaire du gouvernement.

J'ai dit que cette commission n'avait pas le droit de créer pour les blessés des coupons de rentes sur l'état.

J'ai dit qu'il ne fallait pas seulement prendre des mesures pour l'avenir, mais pour le présent.

J'ai dit que les pensions ne devaient pas être prises sur le produit des souscriptions nationales, mais sur les 2,400,000 fr. alloués à M. le ministre de l'intérieur.

J'ai dit, tout en rendant justice au zèle extraordinaire qu'a déployé M. de Bondy, préfet de la Seine, pour faire droit à la réclamation sur laquelle j'ai envoyé lettres, mémoires, pour laquelle il a été provoqué un conseil, que la décision de ce conseil, qui renvoyait aux mairies, ne donnait pas de solution des questions posées.

J'ai dit que ces travaux auraient dû être terminés depuis long-temps, et que les blessés craignent de nouveaux retards en se rappelant le passé, et qu'à l'anniversaire des journées de juillet, ils n'aient encore d'autres récompenses que le souvenir de la lutte sanglante qu'ils ont engagée avec la tyrannie.

J'ai pensé que les blessés devaient soumettre à la nation leur conduite, la marche et les actes qui en ont été les conséquences, avec les pièces à l'appui, et que la nation songerait encore à eux :

Que l'opinion aussi était juge souveraine, et que leurs concitoyens les approuveraient.

J'ai pensé qu'on pouvait se plaindre d'un corps constitué, sans en attaquer personnellement les membres. C'est un droit que la liberté de la presse, que nous avons conquise, accorde.

Je déclare que je ne connais aucun des membres de la commission des récompenses nationales :

Qu'il en est même qui portent un intérêt réel aux blessés et gémissent de ces longs retards :

Que dans leur conduite privée je ne mets pas en doute qu'ils peuvent être de très honnêtes gens; mais que leur conduite, comme hommes publics, les expose à de très graves réclamations.

Deux mots de moi :

Ni vanité, ni amour-propre, ni ostentation, ni hostilité, n'ont dirigé ma plume.

J'ai risqué ma vie dans les journées de juillet, ainsi que deux de mes frères.

Ce sont des compagnons de dangers, de gloire, si l'on veut, que je défends.

Je me suis exposé à des vengeances particulières... Je les supporte avec plus de fermeté que les auteurs...

J'ai retracé rapidement, dans une note, ma conduite dans ces journées.

Mon but a été seulement de prouver que j'étais là, et que j'avais quelques droits de me constituer le mandataire d'une partie des blessés.

La nation jugera si j'ai agi légalement et loyalement dans cette réclamation.

J'ai été modéré.

Que les parties intéressées ne se plaignent pas des faits que j'ai cités; je n'avais pas l'intention de faire un in-folio.

LES

BLESSÉS DE JUILLET

A LA NATION, AU ROI

ET

A LA COMMISSION.

Le 25 juillet, Paris fut épouvanté à l'apparition des fatales ordonnances qui devaient changer l'ordre de choses, qui avaient pour but de comprimer la liberté, de la détruire peut-être à jamais!

Un cri d'indignation s'éleva tout à coup: une agitation toujours croissante parcourut rapidement les rues de la capitale, bientôt l'explosion a lieu... Le 27, déjà les balles avaient traversé la poitrine de plusieurs citoyens.... le sang avait coulé!

Il ne s'agissait plus alors de solliciter près d'un roi parjure le renvoi de ministres coupables, de parler au cœur de ce roi, qui, rapprochant la distance des siècles, voulait que son nom, comme celui d'un autre Charles, dont il se montrait le digne émule, fût tracé en caractères de sang dans l'histoire...

Il fallait que la liberté triomphât, que ce trône s'écroulât ; la vie politique d'une grande nation était compromise, ses enfans généreux devaient la racheter.

Des soldats mercenaires, soldés sur le produit de ces impôts onéreux que le peuple paie à la sueur de son front, instrumens aveugles de la tyrannie, se figurent placés au milieu d'un pays ennemi et luttent avec une sorte de rage contre ce peuple indigné qui combattait pour ses lois.

Des soldats qui avaient mal compris les devoirs de l'obéissance, qui, parce qu'un despote les avaient décorés du nom de *garde royale*, se crurent dans l'obligation de défendre son trône chancelant, engagent un combat à mort contre leurs propres frères.

Un corps depuis long-temps odieux au peuple parisien, qui semblait se complaire dans l'exécution outrée d'ordres qui pouvaient irriter les bons citoyens, la gendarmerie, se crut appelée à renouveler le massacre facile de la rue Saint-Denis.

Mais un cri s'était fait entendre : Aux armes ! et ce cri, se prolongeant de rue en rue, de quartier en quartier, soulève la population.

Si la jeunesse s'enthousiasme à l'approche d'une révolution juste, c'est que dans son cœur existe le germe de ces vertus citoyennes, qui se hâtent d'éclore, aux premières lueurs de la liberté.

Les écoles donnèrent bientôt des preuves des sentimens qui les animaient.

La cité latine présentait le 26 une physionomie dont les sombres couleurs pouvaient présager l'orage qui couvait dans son sein, et qui tarda si peu à éclater.

Ces salles, où ils se réunissaient pour écouter l'habile professeur qui leur dictait ses doctes leçons, sont désertes ; les feuilles publiques sont lues à haute voix ; les ordonnances sont proclamées, et les âcres murmures qui résonnent sous les arcades de l'Odéon, annoncent que dans ces cœurs fermente une vengeance légitime, comprimée encore, mais dont l'effet sera terrible.

A trois heures de l'après-midi, un grand nombre d'étudians s'était rendu chez plusieurs députés. Ils allaient trouver ces défenseurs patriotes qui luttèrent pendant si long-temps pour le triomphe de nos institutions libérales. Orateurs distingués, athlètes infatigables, ils consumaient une existence vigoureuse dans ces longs combats de la tribune; l'un d'eux, ami de l'immortel Foy, après lui avoir fermé les yeux, n'avait pas, avec ses collègues, désespéré de la liberté. La liberté! elle l'a conduit au faîte du pouvoir, et la France, qui a les yeux sur lui, ne le verra pas renier sa mère. Ils pensaient que la tyrannie s'attaqueraient aux têtes les plus illustres dont l'énergique opposition avait arrêté jusqu'alors les desseins perfides du gouvernement, et ils allaient leur faire un rempart de leurs corps. Beaucoup furent victimes de ce premier dévoûment; maltraités, frappés, emprisonnés, menacés de la mort, ils bravaient ce ministre président, premier coupable, qui de ses appartemens somptueux, put entendre l'anathême lancé par eux, et que la nation devait bientôt confirmer.

La classe éclairée des imprimeurs, avait déserté ses atéliers. Frappée dans ses intérêts les plus chers, elle se voyait ravir l'aliment de son existence, la liberté de la presse, ce précieux droit, par lequel l'homme publiant ses pensées généreuses, communique à toutes les parties de son pays les sentimens qui font battre son cœur, dévoile les abus du pouvoir, et entachant de réprobation les actes arbitraires, en appelle à l'opinion, à la vindicte publique.....

Ils se disposent au combat : ils parurent dans toutes les actions périlleuses sur ce théâtre sanglant où un monarque jouait sa couronne, et plus d'un, paya de la vie sa glorieuse résistance.

La liberté de la presse! déjà son existence était attaquée dans ses organes les plus énergiques; ces journaux qui depuis si long-temps étaient sur la brèche, sentinelles vigilantes, et toujours prêts à instruire la nation des dangers que couraient nos institutions, les journaux avaient poussé le cri d'alarme et la nation était avertie.

C'est en vain qu'on veut arrêter les rédacteurs, c'est en vain qu'on cherche à briser leurs presses, leurs ateliers ont leurs fortifications, les mains actives des compositeurs restés à leur poste pour répandre les inspirations du plus ardent patriotisme, multiplient ses exemplaires... les agens serviles du gouvernement les enlèvent des lieux publics : on les lit sur les places, on emprisonne les lecteurs, on les affiche sur les murailles, le canon gronde, les citoyens combattent, la presse travaille, elle encourage, elle excite; ses bulletins transmettent avec rapidité les succès du jour, de l'heure, et courent d'un faubourg à l'autre, et des faubourgs sortent de nouveaux défenseurs.

Honneur aux écrivains courageux qui les premiers ont osé opposer une si belle résistance! gloire éternelle à ce jeune publiciste dont le talent eût pu si long-temps encore servir la patrie, et mort à la fleur de l'âge, les armes à la main, en face de ce palais où les citoyens, plus tard, devaient entrer en vainqueurs (1)!

Malgré les murailles qui leur interdisaient la sortie, l'école polytecnique répondit à l'appel que la patrie faisait à ses enfans. Naguère on les avaient vus à la butte Montmartre, lorsque l'ennemi avait envahi notre territoire,

(1) M. Farcy, ancien élève de l'école normale, rédacteur du *Globe*, tué sur la place du Carrousel.

arrêter la marche de ses nombreux bataillons, préférer la mort sur leurs pièces à une lâche reddition. Aujourd'hui, ils sauront combattre et mourir pour l'indépendance.

Sur tous les points de la capitale, apparaissent ces courageux ouvriers dont l'histoire éternisera les exploits... Ils quittent leurs femmes, leurs enfans, ils ont entendu que la liberté réclamait leurs bras, et ils donnent leurs bras et leur vie pour la liberté; ils sont là sur l'arêne sanglante où elle va se débattre. Le bonheur de la France, sa prospérité future, la dignité nationale sont en question, et ils se chargent de venger l'affront qu'on veut imprimer sur cette France si belle, avilie depuis trop long-temps par le despotisme jésuitique.

Bientôt tous les corps d'états s'associent à cet élan spontané........

Le tocsin a sonné..... les tours de Notre-Dame les premières envoient aux autres églises les sons solemnels qui, répétés de clocher en clocher, avertissent les citoyens qu'il faut quitter ses foyers, s'apprêter à combattre et à périr.

Le drapeau tricolore a reparu... une ville entière le salue avec enthousiasme, drapeau de la liberté, drapeau de la victoire, sous lui les fiers républicains avaient sauvé la France, sous lui les soldats géans de l'empire l'ont couverte d'une gloire immortelle; sous lui encore la France sera sauvée.

Les enfans de la patrie ont entonné cet hymne pindarique où la liberté fait entendre ses mâles accens, et entraînés par le dévoûment sublime qu'elle inspire, imitateurs de leurs pères aux beaux jours de la *Marseillaise*, ils se rendent au lieu du combat.

O France! ô ma patrie! ô Paris qui renferme une population si courageuse! peuple de braves! combien tu fus digne d'admiration, quels miracles n'enfante pas une nation qui veut être libre....

Dans toutes les parties de la capitale, l'action est engagée... les portes Saint-Denis, Saint-Martin, le marché des Innocens, les rues Mauconseil, Montorgueil, des Petits-Champs, Saint-Honoré, partout où se montrent les Séïdes de ce pouvoir insensé, se présentent des citoyens pour les terrasser...

Mais une force imposante était dirigée sur la Grève...La Grève! Déjà le matin les troupes royales l'avaient ensanglantée, déjà nous avions reçu les balles qui percèrent les masses agitées dont cette place est remplie, et malgré les feux de peloton qui les balayèrent, les citoyens revenus d'une première émotion, bravant ces décharges mortelles, parvinrent à faire fuir ce premier détachement.

A cette heure la lutte était plus qu'incertaine ; ses conséquences inconnues, et qu'un hommage éclatant soit rendu aux habitans qui de leurs maisons, bordant les quais, ont envoyé leurs balles citoyennes sur ces soldats agresseurs.

On put prévoir dès lors que l'accord était unanime, que la révolution s'accompplirait...

Nous étions maîtres de l'Hôtel-de-Ville..... ils voulurent nous chasser du chef-lieu de l'administration, la ville était là représentée, c'était là qu'il fallait frapper, c'était de là qu'il fallait en expulser les intrépides habitans.

Plusieurs milliers de soldats se rangent en bataille sur cette place ennoblie par le sang des citoyens. Soutenus par le canon, étonnés d'une résistance aussi opiniâtre, trois fois vainqueurs, trois fois vaincus, ils sont forcés de se replier devant les citoyens, restés en possession de cet Hôtel-de-Ville, dont la défense et la conservation entraînèrent la perte de tant de braves, dont la possession décidait la victoire.

Le lendemain le beau soleil de juillet devait éclairer la fin de cette lutte sanglante...

Dès l'aurore, des coups de fusil se faisaient entendre près du Louvre... c'était le dernier refuge de soldats dignes de soutenir une meilleure cause...

Mais le petit nombre de combattans qui eurent l'honneur de la première attaque dans cette journée, ne put long-temps l'entretenir avec succès.

Le faubourg Saint-Germain, peuplé d'une jeunesse ardente sans doute, mais qui savait et qui sait encore comprendre la liberté, devait envoyer bientôt une colonne nombreuse de défenseurs.

La ligne, composée de braves qui ne voulurent point se déshonorer par l'effusion du sang de leurs frères, la ligne remit à la caserne, rue du Foin-Saint-Jacques, les fusils qu'ils conservaient dans leurs mains, volontairement inoffensifs, mais qui dans celles des citoyens devaient servir à renverser le despotisme déjà vaincu la veille.

Les soldats de la caserne de l'Estrapade remirent sous la surveillance de quelques élèves de l'école polytechnique, leurs sabres, leurs, fusils, leurs gibernes, qui furent distribués pas les croisées à la foule avide d'avoir des armes; et cette première colonne se rendit au quartier général, place de l'Odéon.

Peu de temps après, une seconde colonne se trouva armée par la découverte d'un dépôt de fusils et de munitions, découverte due à un hasard extraordinaire (1).

Revenus à la place de l'Odéon, nous choisîmes les élèves de l'école polytechnique pour nous commander et nous partîmes...

Ah! ceux qui ont vu ce spectacle imposant en ont sans doute gardé le souvenir! Avant le combat ce fut une marche triomphale : une population immense nous saluait de ses accla-

(1) Après le départ de la première colonne, deux soldats de la garde royale se trouvèrent enveloppés par le peuple, l'effervescence allait toujours croissant. L'on disait : « Pourquoi les laisser sortir, ils reviendront en ville tirer sur nous... » Les malheureux tremblaient. « Ils se sont mis, dis-je à la foule assemblée, sous la sauve-garde des citoyens, nous devons les respecter... ils ont notre parole, elle est sacrée, nous avons leurs fusils, et s'ils étaient assez lâches pour revenir combattre contre nous, nous les tuerions... » La foule s'écarte; je descendais avec eux, accompagné de mes deux frères, la place de l'Estrapade, lorsqu'un de ces soldats, re-

mations. Les habitans sortaient de chez eux pour presser les mains de leurs défenseurs : les femmes versaient des larmes d'atendrissement, ici point de distinction de rang, point de fierté, point de vanité ; l'ouvrier en chemise, tenant son fusil d'un bras nerveux, côte à côte avec l'homme à la mode, des jeunes gens qui s'étaient parés de leurs plus beaux habits, comme en un jour de fête, disaient adieu à leurs compatriotes en hommes libres qui allaient mourir pour la liberté... à deux pas, du canon qui les attendait.

Une partie des combattans s'était dirigée à la caserne Babylone. Retranchés dans l'intérieur, ces soldats que la grande ame de Guillaume Tell eût reniés pour des enfans de l'antique Helvétie, non contens de porter la mort

connaissant sans doute, se penche à mon oreille et me dit rapidement : « Dans la cour, à droite de la caserne.. dépôt d'armes.... » Il part... J'appelle un élève de l'école polytechnique, je lui fais part de la confidence que je venais de recevoir, nous défonçons la porte, et la première chose qui nous tomba sous la main fût une caisse de fusils.

La distribution en fut faite à huit heures et quart à peu près, et sur la place de l'Estrapade, des munitions renfermées dans une poutre et des balles dans une autre, furent distribuées.

dans ces rangs de citoyens, n'ont pas rougi de travailler avec leurs dents le plomb meurtrier qui devait rendre la blessure incurable!

Trop de combattans perdirent la vie à cette attaque périlleuse : si la patrie a des larmes pour tous, long-temps elle pleurera ces intrépides jeunes hommes, élèves de l'école polytechnique, dont les premières armes furent consacrées à la défense de la liberté, et qui, à l'entrée d'une carrière que leur génie et leur valeur eussent si noblement parcourue, moururent... au milieu de leurs frères, de leurs amis, de leurs concitoyens, de la mort des braves...

Heureux si l'un eût pu voir la prise de cette caserne si vivement disputée... l'autre plus heureux a pu contempler les conquêtes du Louvre, des Tuileries. Il est doux en fermant les yeux de voir le laurier qu'on a cueilli.

Arrivés rue de la Monnaie, on se prépare à l'attaque du Louvre : les combattans se divisent en deux colonnes; l'une se rend à la place Saint-Germain-l'Auxerrois, et l'autre longe le quai de l'École pour prendre les Suisses de côté.

Le sang de citoyens rougit bientôt le pavé sur lequel s'établit cette lutte acharnée... Les feux de peloton, la mitraille déciment nos frères d'armes. C'est envain qu'ils tombent, d'autres les remplacent et les vengent. Les coups partent des croisées: des croisées! on eût dit que l'ombre de Charles IX, planant autour d'eux, leur rappelait ses odieux exploits du Louvre, et les animait de sa rage homicide. Mais il faut franchir à travers les balles ce rempart meurtrier qui protège l'entrée, et les citoyens se précipitant à cette grille si bien défendue, font refouler dans l'intérieur du Louvre, et de là dans les Tuileries, leurs ennemis forcés à la retraite.

La marche fut rapide... Les vainqueurs que deux jours de combats avaient improvisés, habiles tacticiens, ne s'endorment point à ce premier succès de la journée.

Ils paraissent place du Carrousel.

Une autre colonne moins forte avait traversé le pont des Arts, s'était campée sur le bout du Pont-Royal, et alimentait le feu avec les Suisses, réfugiés au pavillon de Flore.

Ce fut sur ce pont qu'un brave tint quelques minutes étendu le drapeau tricolore, les balles l'ont respecté.

Un petit nombre de gardes-du-corps sortirent de leur hôtel et firent feu sur nous, nous les repoussâmes.

Parmi les élèves de l'école polytechnique, à la tête de la colonne place du Carrousel, se montrait M. Baduel, d'un sang froid imperturbable, guidant les combattans, et qui dut la vie à la décharge d'une pièce de canon chargé à mitraille (1).

Enfin, ce palais superbe où quelques heures auparavant des ministres audacieux insultaient encore de leur personne à cette héroïque population, ce palais est en notre pouvoir.

On s'y précipite des deux côtés, la jonction des combattans s'opère; nous arrivons dans la salle des Maréchaux; à la vue du portrait de ce maréchal de France, qui déjà taché d'infafamie pour avoir livré son pays, se couvrait d'un nouvel opprobre par l'exécution d'ordres

(1) Ce fait peut paraître extraordinaire, et pourtant il est vrai. M. Baduel était revêtu de son uniforme de l'école; il était près de l'arc de triomphe; la cour des Tuileries était remplie de soldats. Cet uniforme fixa particulièrement leur attention. La pièce, chargée à mitraille, part... un morceau de fer pénétra son talon, il tombe, et au moment de sa chute, au moment enfin où il fut forcé de fléchir par suite de sa blessure, plus de deux cents balles, dirigées contre lui, passent par dessus sa tête....

sanguinaires, la foule est saisie d'indignation, l'arrache, le met en lambeaux, et saluant les autres guerriers fidèles à l'honneur : Braves de l'ancienne armée, leur dit-on, vous n'aurez plus à rougir de ce honteux voisinage.

Après la victoire, l'humanité parle toujours au cœur des Français... si l'ennemi vaincu est un homme à ses yeux, et comme tel digne de ses secours, un Français qu'un moment d'erreur avait égaré, désarmé, redevient un frère. (Voir les notes).

Je les ai vus, ces intrépides ouvriers, ces hommes qu'on appelait le bas peuple, fouler d'un pied libre le plancher orgueilleux empreint jusqu'alors des pas de ces courtisans qui pour la troisième fois précipitaient leur maître dans l'abîme, et qui pour la troisième fois l'abandonnaient au jour du danger.

Je les ai vus, et de nobles pensées embrasaient leurs cœurs : ils n'étaient point séduits par l'or qui resplendissait dans ces appartemens, ce n'étaient point les richesses dont ils eussent pu se procurer facilement la jouissance qui les entraînaient à la conquête de la demeure des rois : l'amour de la liberté seul arma leur bras, seul il guida ces cohortes citoyennes, devenues si promptement guerrières, seul il releva leur front d'une fierté généreuse, et s'ils disaient : ce palais est à nous, ce trône est vide; c'est que de ce palais la tyrannie était expulsée, c'est que sur ce trône le plus digne viendrait s'y asseoir, et le plus digne celui là qui désormais ne trahirait point la liberté.

Je les ai vus, et ils disaient : respect aux propriétés, mort aux lâches qui chercheraient à avilir la cause de la patrie par des rapines. Aussi des combattans s'empressèrent-ils de porter à la ville la cassette du roi; ils étaient fiers de ce dépôt, comme preuve de leur désintéressement : d'autres, indignés de la conduite de quelques hommes qui s'étaient glissés sans armes parmi les citoyens, dans l'espoir de se livrer au pillage au milieu du tumulte et du désordre, leur firent subir un châtiment terrible; d'autres pardonnaient par un sentiment de compassion (Voir les notes).

Mais le combat n'était pas encore fini... Rue de Rohan et dans les rues adjacentes le feu continuait, et de nouvelles victimes étaient immolées; nous y courûmes avec une partie des combattans.

Déjà une pièce d'artillerie avait été emportée par une poignée de braves. Les balles se croisaient de tous côtés... Les soldats cachés dans les maisons choisissaient avec une cruelle adresse ceux qu'ils dévouaient à la mort (1).

Les malheureux, une soumission volontaire les eût sauvés.....

Plusieurs visites faites dans les maisons voisines les chassèrent de leur poste, et l'on put se livrer avec plus de soin au soulagement des nombreux blessés qui gisaient après cette action meurtrière. (Voir les notes.)

Le cri *victoire!* vole de bouche en bouche; *victoire! la liberté triomphe!* et rapports étonnans! c'estpresqu'aux mêmes lieux, même rue, près le Palais-Royal, où la tyrannie versa le premier sang, qu'elle est venue rendre le dernier soupir.

Trois jours ont suffi! trois jours et la liber-

(1) Les coups qu'ils tiraient sur les combattans étaient d'autant plus sûrs que, pour les atteindre, il fallait que nous nous missions au milieu de la rue, et il était impossible que l'on ne fût pas ou tué ou blessé. Au moment où mon frère Prudent, Cand. Pher. se penchait après avoir tiré son coup de fusil, pour ramasser un blessé et le panser, un jeune homme de seize à dix-sept ans tombe à nos côtés, une balle lui avait traversé le cœur; quel sanglant point de mire!

té était vivante à l'hôtel de ville, où deux jours auparavant elle luttait pour son existence; à l'hôtel de ville où le patriarche des deux mondes, Lafayette, reporté à son immortelle jeunesse, pour la deuxième fois à la tête de la population, commandant le respect, la confiance, ne voulait être que le premier citoyen de la grande nation.

Des listes de proscription avaient été dressées contre d'illustres têtes qui devaient tomber sous les coups de ce nouveau Sylla..... Mais les tables fatales avaient été brisées! et ces donjons, qui devaient renfermer les vrais patriotes, les hommes du côté gauche, étaient destinés aux conseillers du despote.

Et ce roi qui voulut faire un coup d'état, qui commandait à la France asservie....

Ils n'ont fait que passer il n'était déjà plus.....

Qu'il est beau le lendemain d'un peuple que la liberté a rendu victorieux!

C'était une fête patriotique... ces fenêtres, d'où les pavés s'élançaient pour écraser ces soldats acharnés, étaient parées du drapeau tricolore que l'on venait de reconquérir, et les citoyens contemplaient avec orgueil ce signe libérateur.

Les habitans parcourent en foule les rues de la capitale. Les femmes, les enfans, circulent librement parmi ces flots de peuple qui se pressent autour de l'hôtel de ville.

Les femmes! ah toujours les Françaises se sont associées à l'impulsion sublime de la bravoure et à tous les périls; à l'époque de la première révolution, on les avait vues s'exposer aux dangers les plus imminens pour secourir leurs pères, leurs époux, leurs enfans : l'histoire de ce temps a raconté leur courage, leur dévoûment, leurs sacrifices; elle a prouvé que dans leurs cœurs existe un foyer de tendresse, d'amour, aliment précieux, nécessaire à leur existence, source des actions les plus héroïques... Aux journées immortelles de juillet on les a vues braver les feux de la mitraille, entrelacer de leurs bras délicats la pièce meurtrière qui envoyait la mort; on les a vues accompagner les êtres qui leur étaient chers, et sur le terrain qu'ils rougissaient, courber leur tête pour épancher le sang des braves qui tombaient, pour soigner leurs blessures. On les a vues dans ces ambulances improvisées, porter aux blessés les secours les plus touchans, calmer leurs souffrances par les plus douces attentions. (Voir les notes.)

Ces témoignages si nombreux de la sensibilité nationale ne furent point concentrés dans la capitale seule. Les dames de province, à la nouvelle des hauts faits qui avaient signalé cette rapide révolution, émues comme les Parisiennes du sort des braves qui gisaient sur un lit de douleurs, abandonnant les plaisirs, les affaires, une seule pensée les anime, une seule pensée les occupe : de la charpie pour les blessés de Paris.

Reconnaissance éternelle! bénédictions de ces braves ! leur interprète vous transmet l'expression de leur gratitude ; souvent ils parlent de vous, souvent ils racontent votre humanité, et toujours ils s'en souviendront. . . . .

. . . .

Mais des pensées cruelles vinrent bientôt distraire de l'ivresse du triomphe.... Deux bateaux descendaient silencieusement le cours de la Seine, une toile recouvrait le dépôt qu'ils renfermaient ; mais l'œil du citoyen l'avait deviné... c'était les victimes de juillet.

Là des pères, des époux, des enfans, des victimes qui laissaient d'autres victimes.

Les yeux se détournent en pleurant, mais ils s'arrêtent de tous côtés sur un autre tableau... ce sont des combattans qui ont conservé la vie, mais leurs blessures attestent qu'ils étaient aux lieux du danger, aux lieux où la mort promenait ses ravages.

C'est alors que la capitale, les villes de province, les bourgs, les villages, les pays étrangers se cotisent pour envoyer le produit de leurs souscriptions patriotiques.

C'est alors que la Grande-Bretagne, cette rivale jadis si persévérante de la France, partage pour la première fois l'insurrection sacrée du peuple parisien.

Le peuple anglais, le peuple parisien se sont donné la main. Ce n'est point une conquête de territoire que l'on vient de faire, c'est une conquête de droits politiques, c'est le baptême de sang de la liberté qu'a fait la nation française.

Des députés des peuples étrangers arrivent au sein de nos murs; Lafayette les reçoit, et sur cette tête vénérable, l'alliance des peuples pose son rameau pacificateur.

Et celui-là, qui avait fait verser le sang des citoyens, n'avait pas entendu cette voix de la nation qui lui disait : « Descends du trône ; » et il songeait à résister à Rambouillet.

L'appel est battu.... des masses de citoyens se précipitent sur la route de Versailles... Leur présence à frappé à mort le despote... Holy-Rood l'attendait.

Un prince qui aimait la France et que la France aimait, qui jamais ne voulut porter contre elle des armes parricides, s'arracha, pour le bonheur de sa patrie, aux soins tranquilles d'une heureuse paternité, et bientôt la liberté confiante place sur sa tête la couronne, pour avoir un roi citoyen, un trône populaire environné d'institutions républicaines.

Des récompenses étaient dues aux combattans et blessés de juillet. Une distribution proportionnelle devait être faite dans le plus bref délai ; une lenteur fatale paralyse l'accomplissement de ces promesses, soit pécuniaires, soit pour les places ou les emplois.

Tel est l'objet de la réclamation que nous publions, et la marche qui a été suivie jusqu'alors près des autorités compétentes.

Une commission des récompenses nationales est créée; on dit que ses membres ont été choisis parmi ceux qui se sont distingués par des faits marquans, que des jeunes gens qui sont devenus membres du conseil ont figuré dans toutes les actions d'éclat... ils sont chargés de recevoir tous les documens. Aux uns ils disent: Votre position exige-t-elle de l'argent! vous aurez de l'argent.

Est-ce un emploi? désignez-le, et vous aurez cet emploi.

Est-ce un grade? vous obtiendrez ce grade.

A tous: sous peu (il y a six mois), le travail sera fini, et justice sera rendue à tous.

Les chambres votent une loi qui accorde un crédit de 2,400,000 fr. pour les victimes de juillet.

Il est établi dans cette loi que ceux qui ne seraient pas pensionnés auraient une somme une fois donnée.

Quelques secours sont distribués dans les mairies, et bientôt ces secours s'arrêtent tout à coup, sous le prétexte que le définitif est donné.

Les mois se passent et les malheureux souffrant encore de leurs blessures, d'autres guéris, mais tous dans la détresse, n'osent plus se présenter à la commission. Le titre de combattant de juillet n'est plus une recommandation. Ils jettent un coup d'œil autour d'eux et ils voient :

Que cet argent n'est point donné;

Que ces emplois promis ne sont point donnés;

Que ces grades promis n'arrivent pas.

Ils parcourent les administrations, les ministères, ils voient que le personnel est le même, que les emplois supérieurs seuls présentent des mutations, mais que tous ces hommes, si zélés partisans du système déchu, se sont rassis avec fermeté sur leurs fauteuils administratifs, et qu'ils sourient de la crédulité de ces pauvres combattans de juillet.

Ce fut alors que, persuadés que Philippe Ier qui les aimait, qui savait apprécier leur conduite déterminée, s'interposerait pour leur faire obtenir justice, ils prièrent un de leurs frères d'armes de rédiger une adresse au roi.

Cette adresse fut portée par une députation au palais, où elle fut déposée pour qu'elle parvînt à Sa Majesté.

Elle était conçue en ces termes :

A Philippe Ier, Roi des Français.

Sire,

Si le roi le savait! tel fut le cri que les opprimés répétaient sous l'ancienne monarchie.

Le roi le saura! tel est le cri que le peuple répète aujourd'hui.

Cette voix du peuple, vous l'entendrez, sire, car jadis si la vérité arrivait difficilement jusqu'au trône, le trône occupé par Votre Majesté ne craint pas de se voir entouré d'une population citoyenne.

La liberté a opéré ces prodiges.

La liberté! ce nom sacré a fait la révolution de juillet; pour elle les enfans de Paris ont sacrifié leur vie, leur fortune, pour elle ils ont su mourir.

Les tombeaux renferment les cendres d'une partie des combattans, ceux-là au moins sont heureux, ils sont morts pour la patrie.

Mais tous n'étaient pas destinés à mourir, les autres ont survécu.

Ils vivent! mais à quelle existence sont-ils condamnés!

La France entière a applaudi à leur héroïque résolution; l'Europe s'est jointe à ce concert de louanges; honneur, disait-on, aux combattans de juillet. Des offrandes patriotiques affluent de tous côtés, des couronnes civiques sont proposées; honneur, s'écriait-on, aux héros de juillet.

Qu'arrive-t-il, sire? vous êtes proclamé lieutenant-général du royaume, et bientôt cette heureuse révolution place la couronne sur votre tête; vous êtes roi...

A ce titre sacré, les combattans de juillet, certains que Votre Majesté, qui naguère à Jemmapes combattit sous la bannière tricolore à l'aurore de la liberté, saura doter la France de ses bienfaits, les combattans déposent les armes.

Une commission, appelée *commission des récompenses nationales*, est créée.

Chacun espère qu'une justice distributive prompte viendra reconnaître les mérites de chacun.

Espoir qui trop long-temps nous a bercés! il a fallu trois jours pour faire une révolution, trois jours pour renverser une dynastie de plusieurs siècles, punir le parjure de son chef, et dans ces circonstances graves, l'amour de la patrie seul animait les cœurs généreux qui ne demandaient qu'à mourir.

Trois jours! et sept mois déjà se sont écoulés sans que cette *commission des récompenses nationales* eût avancé son travail.

Il y a plus, des malheureux sans pain, sans ouvrage, après quelques légers secours accordés, non seulement se voient fermer la porte de cette redoutable commission, mais sont en quelque sorte traités de factieux.

Il est des hommes qui demandent compte des millions versés par la France et l'Europe.

Il est des hommes qui demandent pourquoi il leur a été refusé des grades qui sont accordés, sans doute avec droit, à de très-jeunes gens, et qui s'interrogent sur les causes de l'ostracisme qui les éloigne.

Il y a des plaintes graves qu'il serait trop long de signaler à Votre Majesté.

Il y a des anciens militaires qui se sont distingués sous les drapeaux tricolores qui flottèrent dans toutes les capitales, qui ont versé leur sang dans les journées de juillet et qui languissent dans l'anxiété d'une pénible attente, dans un oubli injurieux.

Franchira-t-on les administrations publiques? Le seuil de toutes ces administrations ne peut être abordé qu'en tremblant par les combattans de juillet, ils se trouvent à chaque instant en face, en présence d'employés, de fonctionnaires dont le dévoûment à Charles X et à la congrégation était connu, et qui, maintenus dans leurs places, sont un outrage vivant pour les combattans de juillet.

Repoussés de tous côtés, ils se demandent si ce sont ceux contre qui la révolution a été faite qui doivent être les arbitres de leur sort.

Une seule pensée les a consolés, c'est que Votre Majesté ignorant tous ces faits, ils ont cru devoir les lui exposer.

Solliciter son auguste intervention pour que la commission des récompenses nationales mette un terme à la lenteur de ses travaux, que surtout elle publie ces mêmes travaux, et si les combattans de juillet ne doivent avoir d'autres récompenses que la conscience de leur devoir, le sentiment de ce devoir les rendra toujours dévoués à la vie à la mort à Philippe Ier, et si la liberté était compromise, nous saurions encore la défendre.

VICTORIN LELIÈVRE,
leur mandataire.

Paris, ce .... février.

(*Suivent les signatures.*)

Le mardi suivant je retournai avec la même députation au palais du roi.

Admis en la présence de M. le baron Athalin, premier aide-de-camp de service, je lui exposai de nouveau la position des braves qui attendaient la récompense promise. Il me dit que Sa Majesté savait apprécier les services glorieux des combattans de juillet, mais qu'il était nécessaire de suivre la hiérarchie des pouvoirs, qu'il existait une commission des récompenses nationales, et que M. le ministre de l'intérieur devait être, par la nature de ses attributions, le chef de cette commission, que l'adresse lui serait envoyée avec une recommandation particulière de Sa Majesté, et qu'il n'était pas douteux que son excellence n'y prît un vif intérêt.

Quelques jours après nous eûmes d'abord

la satisfaction de voir, dans le *Messager des Chambres*, plusieurs articles qui prouvaient que la cause des combattans de juillet avait des défenseurs dans la haute administration : ils étaient ainsi conçus :

RAPPORT AU ROI.

Paris, le 26 février.

Sire,

La loi du 13 décembre 1830 attribue des récompenses nationales aux victimes des glorieuses journées de juillet; elle ouvre à cet effet, au ministre de l'intérieur, un crédit de 2,400,000 fr., et permet l'inscription de pensions viagères à concurrence de 400,000 fr.

La commission des récompenses nationales s'est livrée avec soin et persévérance à la recherche des droits, et déjà elle en a constaté un grand nombre dans chacun des arrondissemens de Paris et de la banlieue.

Parmi les communes de France à qui la loi attribue une part dans ces récompenses, Nantes, qui compte aussi ses victimes, m'a adressé son travail.

En attendant que les propositions de la commission des récompenses puissent être mises sous les yeux de Votre Majesté, des secours provisoires ont été donnés aux victimes de juillet. Il y a donc des dépenses faites à régulariser, en même temps que l'on doit rentrer dans les voies ordinaires pour les dépenses à faire.

Il devient urgent aujourd'hui de centraliser les utiles travaux de la commission des récompenses nationales.

Tel est le but du projet d'ordonnance que j'ai l'honneur de proposer à Votre Majesté.

J'ai l'honneur d'être, etc.

Le ministre de l'intérieur,
MONTALIVET.

ORDONNANCE DU ROI.

Louis-Philippe, roi des Français,

Nous avons ordonné et ordonnons ce qui suit :

ART. 1er. Le sieur Grau de Saint-Vincent, chef de bataillon (5e légion), est nommé commissaire du gouvernement près la commission des récompenses nationales.

2. Toutes les propositions et désignations, de quelque nature qu'elles soient, dont la loi du 13 décembre 1830 attribue l'initiative à la commission des récompenses nationales, seront soumises à notre approbation par notre ministre secrétaire-d'état au département de l'intérieur.

3. Notre ministre secrétaire-d'état de l'intérieur présentera également à notre approbation, dans le plus bref délai, les récompenses nationales qu'il peut y avoir lieu d'accorder en vertu de l'art. 14 de la loi du 13 décembre, aux communes de France auxquelles sont rendues applicables les bienfaits de cette loi.

Il prendra les mesures pour que toutes les dispositions relatives à l'exécution de la loi du 13 décembre soient terminées au plus tard le 15 mai prochain.

Donné à Paris, le 28 février 1831.

Le ministre de l'intérieur,
MONTALIVET.

Les blessés pensèrent naturellement que la nomination que venait de faire M. le ministre de l'intérieur était dans leur intérêt.

La réclamation la plus urgente consistait dans la satisfaction des besoins de première nécessité auxquels sont en proie une foule de ces malheureux.

Ils pensèrent qu'il entrait dans les attributions de M. le commissaire du gouvernement de leur faire délivrer des secours provisoires.

Leur mandataire choisit une députation de blessés, et se présenta à leur tête chez M. Grau de Saint-Vincent, avec la pétition suivante :

Monsieur,

Un mandat d'une haute importance vous est confié par le gouvernement; nommé son commissaire près la commission des récompenses nationales, c'est à vous monsieur, que s'adressent les combattans et blessés de juillet.

Cette mesure devenait urgente, et nous rendons grâces à M. le ministre de l'intérieur de la proposition qu'il a soumise à Sa Majesté, et du choix qu'il a fait... Nos plaintes ont été écoutées.

On ne peut douter, monsieur, que vous n'ayez apprécié l'étendue et la gravité de ces fonctions. Les lenteurs administratives ne conviennent plus, vous pouvez le concevoir aux combattans et blessés de juillet... Il faut que justice leur soit rendue, mais justice prompte.

Une marche légale a été suivie jusqu'alors ; vous en avez connaissance, monsieur. Tous les hommes de bien ont applaudi à la loyauté qui a présidé à la direction de cette affaire, vos sentimens sont trop généreux pour ne pas sympathiser avec eux.

Une première réclamation vous est adressée, monsieur, mais elle est d'une nature grave. L'existence matérielle est de tous les instans, et les besoins qu'elle fait naître ne peuvent souffrir de retard : on ne transige pas avec la faim.

Tous les infortunés dont les noms suivent, comptent les minutes, jusqu'à ce que vous leur ayez fait donner un secours provisoire.

Les uns ont des plaies plus ou moins graves ; les autres ont eu le bonheur d'être guéris, la majeure partie va se trouver sous peu sans asile, aujourd'hui ils sont sans pain.

On les a renvoyés.... On leur a dit que le définitif leur avait été donné.... Quel mince définitif, comparé à l'immensité des offrandes patriotiques, c'est oublier leur cruelle position. On peut vous établir par chiffres, monsieur, que la part qui revenait à chacun était capable de les mettre au-dessus du besoin... Qu'a-t-on fait de cet argent?

En tous cas, il en reste encore assez pour leur délivrer un secours ; ils sont là, attendant ce secours de votre intervention.... et ce n'est pas près d'un homme comme vous, monsieur, qu'il est nécessaire d'insister sur les conséquences de ces positions diverses.

J'ai l'honneur, etc.

Accueilli avec la plus touchante bienveillance par M. le commissaire du gouvernement, les blessés, en voyant le vif intérêt qu'il leur portait, espérèrent enfin que leur position ne tarderait pas à être allégée.

M. Grau de Saint-Vincent, nouvellement entré en fonctions, demanda deux jours pour avoir sur cette réclamation les renseignemens nécessaires près la commission des récompenses nationales.

Deux jours après, en effet, il adresse à M. Victorin Lelièvre la réponse suivante:

Monsieur,

Mes fonctions près de la commission des récompenses nationales sont purement administratives, ainsi que j'ai eu l'honneur de vous le dire, et je n'ai pu que fixer l'attention de la commission et lui remettre la pétition des braves que vous avez conduits chez moi.

La commission est juge souveraine des titres des blessés, et peut seule y faire droit.

Quant aux fonds des souscriptions qui n'ont aucun rapport avec la commission des récompenses nationales, il n'est pas douteux que tous les blessés de juillet n'y aient des droits. Cette commission a déjà dépensé pour secours 765,000 fr.

Mais elle a jugé, dans l'intérêt des blessés, devoir arrêter ces secours le 8 octobre, et doit prendre des mesures pour assurer un avenir à ces braves, en affectant à chacun des coupons de rentes sur l'état.

Voilà, monsieur, les renseignemens que je me suis procurés près la commission de secours, et qui, je vous le répète, ne regarde nullement la commission des récompenses nationales.

Je vous engage donc à porter de ce côté les réclamations des braves qui vous ont confié leur mandat, et être bien persuadé des regrets bien vifs que j'ai de mon impuissance à soulager leur fâcheuse position.

Agréez, je vous prie, l'assurance de ma considération distinguée,

Le commissaire du gouvernement, près la commission des récompenses nationales.

Signé GRAU DE SAINT-VINCENT.

Il résultait de cette lettre la révélation d'une commission de secours, de laquelle il n'était plus question depuis long-temps.

Il devenait d'autant plus important de la découvrir, que l'on peut remarquer dans les lettres de M. le commissaire du gouvernement, cette phrase :

« Mais elle a jugé, dans l'intérêt des blessés,

devoir arrêter ces secours, et *doit* prendre des mesures pour affecter à chacun des coupons de rentes sur l'état. »

C'est un droit que s'arroge la commission des secours qui ne lui appartient pas : car les fonds des souscriptions nationales, comme il est établi plus bas dans le mémoire à M. le préfet de la Seine, doivent être distribués en entier, pour subvenir aux besoins des défenseurs de la liberté. C'est ce que beaucoup de souscripteurs ont déclaré positivement à leurs mandataires, c'est ce qui résulte de l'intention manifestée des donataires, et verbalement et par écrit, comme le prouve entre autre une des lettres que j'ai reçues de la province et dont je crois devoir donner copie.

Monsieur,

Je viens de lire la pétition au roi que vous avez rédigée en faveur des victimes de juillet. L'on ne peut qu'être indigné du retard qu'éprouvent tant de braves gens de se ressentir de l'élan si bien senti par toute la France, en apprenant la mémorable révolution des trois journées. Je fesais alors partie d'un corps en garnison à ..... tous furent assemblés, et nous décidâmes, à l'unanimité, qu'il serait envoyé par le premier courrier le montant de notre souscription, tant nous pensions que *les besoins étaient urgens;* l'on ne pouvait guère s'imaginer que, sept mois après, les infortunés attendaient encore ce que nous nous empressâmes de leur envoyer. Voilà, monsieur, ce que l'on pourrait ajouter à votre pétition, si elle était encore à faire, et ce que vous pourriez dire si vous aviez encore à écrire en faveur de ces braves gens (1).

J'ai l'honneur, etc.

Il ne peut donc être révoqué en doute que la destination de ces fonds ne peut être différente de celle qui lui était assignée primitivement.

Ç'eût été une erreur de penser qu'il serait plus avantageux pour les blessés de créer des coupons de rentes sur l'état que de leur distri-

(1) Quoique je sois autorisé à donner toute la publicité possible à cette lettre, je n'ai point cru devoir cependant donner connaissance de la signature et de la position sociale, qui, pour être indépendante sous un point de vue, n'en est pas moins soumise à un pouvoir plus élevé. Sans doute, sous un régime de liberté conquis à coups de fusil, après une révolution aussi forte, aussi rapide, la pensée devrait avoir une allure franche, pour ainsi dire, et ne pas craindre de se produire au grand jour; mais l'expérience de tous les temps prouve que si les révolutions changent l'état des choses, elles ne changent pas la nature de l'homme, et que ceux-là qui, à une époque quelconque, revendiquaient le droit de parler hautement avec vérité, lorsqu'ils sont arrivés au pouvoir, où

buer en espèces la totalité de leur quote part.

Il faut songer que la majeure partie de ces braves est loin d'être guérie, que tous sont sans ouvrage, et que même ils ne peuvent se livrer à la moindre occupation pénible.

Ils ont des femmes, des enfans, la plupart en bas âge, qui ont un besoin urgent de ces secours.

J'ai vu plusieurs propriétaires des blessés qui ne consentent à attendre, pour le paiement de leurs loyers, que dans l'espérance, la certitude même, que le restant des fonds leur serait distribué en totalité.

Le boulanger ne fournit du pain à quelques-uns que dans la même persuasion.

une douce quiétude endort leur ambition satisfaite, où un encens flatteur porte dans leurs sens les jouissances des grandeurs, ils n'aiment pas que ce droit qu'ils réclamaient soit exercé par d'autres avec la verve qu'ils déployèrent pour l'obtenir ; de sorte qu'il faut en tirer cette conséquence, que l'homme qui attend son avenir ou son avancement d'un gouvernement, quel qu'il soit, se trouve dans la nécessité de plier la raideur de son caractère devant la souplesse administrative, ou d'imiter les Comte modernes (*), ne quitter son poste que quand on vient vient vous dire : Vous êtes destitué....

(*) M. Comte, ex-procureur du roi.

Ainsi pour le passé, des dettes à payer; pour l'avenir, une misère affreuse, si on ne leur délivre leur quote part pour donner un morceau de pain à leur famille.

Parmi les blessés il en est qui ont été forcés de vendre les outils de leur état pour vivre;

D'autres ont engagé tous leurs effets, et même vendu les reconnaissances pour vivre.

Lorsque la France a fait des souscriptions si considérables, elle a bien pensé qu'il y aurait beaucoup d'infortunes à adoucir, et les fonds qui ont été envoyés de tous côtés ont eu pour but de parer à la détresse dont seraient accablés ceux qui avaient si vaillamment combattu et auxquels les blessures guéries ou non guéries avaient enlevé toutes les ressources.

A quoi serviraient alors des coupons de rentes sur l'état? D'ailleurs les blessés rejettent cette création de rente.

M. Grau de Saint-Vincent, dans sa réponse, parle que cette commission de secours a déjà dépensé 765,000 francs.

Déjà! mais qu'y a-t-il d'exorbitant dans cette dépense?

On ne s'est donc pas rappelé que les souscriptions nationales montent à des millions, que depuis le 8 octobre, époque à laquelle la distribution des secours a été arrêtée de nouvelles souscriptions ont encore été faites, qu'elles étaient à chaque instant publiées dans les journaux, et que la commission de secours avait recouvré une très forte partie des sommes dont elle s'était dessaisie, de sorte qu'à quelque différence près, le produit primitif des souscriptions serait presque intact; la commission des secours n'ayant dépensé que 765,000 fr.

Les questions d'argent ont toujours quelque chose de pénible dans les discussions qu'elles font naître. Que ceux qui sont détenteurs de ces fonds patriotiques se figurent la position des réclamans.

Ce sont des ouvriers, des hommes qui, avec leur travail, gagnaient leur vie; ils savent que l'argent seul peut satisfaire à leurs besoins, ils savent que là il y a de l'argent pour eux, qui est à eux, qui a été donné pour eux, et ils ne peuvent l'obtenir.

Ils épuisent toutes leurs ressources, ils vendent leur mobilier, leurs effets, ils se dépouillent de tout, ils ne se rendent coupables d'aucun délit, d'aucune action répréhensible, leurs traits sont décharnés, la faim les tourmente, leurs blessures les font souffrir, chez eux des enfans demandent du pain, et cependant ils ne s'écartent pas de la modération. On leur dit: Mes amis, vous aurez justice, la loi est pour vous, la France est pour vous, les peuples sont pour vous. Vous êtes les hommes de juillet, ne dégradez pas ce beau titre qui a été un titre de gloire, et qui le redeviendra, soyez en sûrs. Repoussez toutes les propositions qui vous seraient faites pour former des attroupemens, des émeutes ; vos ennemis seuls peuvent vous faire ces propositions dans ces circonstances, elles vous compromettraient, elles nuiraient à vos intérêts; vous iriez augmenter le nombre des patriotes de juillet dans les prisons, elles sont assez pleines..... soyez unis, la fermeté jointe à l'équité de votre cause vous assure un triomphe complet... » Ils écoutent la voix amie qui leur parle ainsi, et ils attendent!

La lettre de M. le commissaire du gouvernement nous traçait la marche que nous devions suivre, c'était près la commission de secours qu'il fallait porter ces réclamations, laquelle, d'après cette lettre, était distincte de la commission des récompenses nationales.

Nous pensâmes que la commission de secours ne pouvait être que la commission municipale, et nous nous adressâmes en conséquence à M. le préfet de la Seine.

Dès neuf heures du matin nous fûmes admis devant M. de Bondy, auquel nous exposâmes le sujet de notre réclamation.

Quelques heures après, M. de Bondy, qui avait désiré prendre des renseignemens, nous répondit que la commission de secours et la commission des récompenses nationales étaient la même, que ces deux commissions étaient fondues l'une dans l'autre, et que c'était à la commission des récompenses nationales qu'il fallait s'adresser.

Nous nous proposâmes alors de retourner le lendemain près la commission des récompenses nationales pour obtenir une solution définitive.

Mais il y avait là une trentaine de blessés qui depuis deux jours n'avaient pas mangé. Je demandai à M. le préfet de la Seine s'il n'était pas possible qu'il leur fît distribuer un secours au moins pour la journée. M. de Bondy répondit que, comme administrateur, il ne pouvait disposer d'aucun fonds de la ville, mais que comme homme, il savait compâtir aux souffrances de ces braves, et il les pria d'accepter 50 francs de ses propres deniers.

Les blessés retournèrent près de M. Grau de Saint-Vincent, et lui firent connaître la réponse de M. le préfet de la Seine.

M. Grau de Saint-Vincent affirma que la fusion des deux commissions n'existait pas.

Cette contradiction qui, au premier coup d'œil, paraîtra étonnante, peut, je crois, être expliquée.

Avant la création de la commission des récompenses nationales, la commission municipale existait. Cette commission reçut les offrandes patriotiques qui arrivaient de tous côtés, et elle distribua en effet des secours aux blessés.

Lorsque la commission des récompenses nationales fut créée, il ne fut plus question de la commission municipale, ou si l'on veut commission de secours.

Mais la France, les pays étrangers, les

bourgs, les villages, les communes, les troupes, soldats et officiers, s'empressèrent d'envoyer le produit de leurs cotisations.

Dans quelles mains étaient versées ces sommes qui affluaient de toutes parts?

Ce fut nécessairement les membres composant la commission municipale qui devinrent dépositaires du montant de ces énormes souscriptions.

Et cette commission municipale dut être la commission de secours désignée par M. le commissaire du gouvernement.

En effet, quelques secours furent délivrés à la Ville, postérieurement dans les mairies, et ces secours étaient pris sur le produit des souscriptions nationales.

De sorte que, d'après les renseignemens qu'à pris M. le commissaire du gouvernement, cette commission de secours aurait dépensé 765,000 fr., depuis la révolution jusqu'au 8 octobre, époque à laquelle elle a arrêté la distribution.

Or, il est à la connaissance de tous les blessés, que dans chacune des mairies, figurent des membres de la commission des récompenses nationales.

C'était sous leur inspection que ces secours étaient délivrés aux blessés;

Donc, il est naturel de penser que la commission des récompenses nationales, devait, et doit être, en rapport direct avec la commission de secours; car, si une commission donnait, l'autre recevait, et il devait y avoir alors un rapprochement immédiat, une espèce de fusion apparente ou réelle par la communauté d'intérêts, par la liaison des travaux de même nature qui avaient pour but le bonheur des blessés.

Comme la commission des récompenses nationales a été créée, que sur elle seule, l'attention de tous les combattans de juillet a été fixée, la commission de secours est restée avec ses millions dans une modeste obscurité, à l'écart en quelque sorte, mais censément dépendante de la commission des récompenses nationales, juge souveraine, comme l'observe très bien M. Grau de Saint-Vincent, des titres des blessés.

On peut concevoir alors que M. le préfet de la Seine ait affirmé que la commission de secours était fondue avec la commission des récompenses nationales, parceque l'une pouvait être considérée comme commission principale et l'autre comme commission accessoire, liée essentiellement à l'autre, et l'on peut aussi concevoir que de son côté M. le commissaire du gouvernement ait affirmé que la fusion n'existait pas, et qu'il y avait deux commissions distinctes, parce que la commission de secours avait toujours conservé son existence isolée, mais alimentant la commission des récompenses nationales, l'une ne pouvait se passer de l'autre.

Ici se présente une difficulté; comment se fait-il que cette commission de secours, ainsi appelée, et qui a reçu les offrandes patriotiques, puisse se constituer juge souveraine de la destination de fonds qui appartiennent aux blessés, puis qu'il n'y a qu'une commission, juge souveraine; c'est la commission des récompenses nationales, et elle a été créée en vertu d'une loi.

Mais si cette commission elle-même n'a aucuns droits, malgré sa souveraineté sur le produit des souscriptions patriotiques, comment se fait-il que la commission de secours, que les blessés ne connaissent pas puis qu'ils ne pouvaient la découvrir, qui n'a pas, à leurs yeux, l'existence légale de la commission des récompenses nationales, qui n'est pas fondue avec elle, qui seulement, par la confiance qu'elle inspirait sous le rapport de la garantie pour le versement des sommes, n'en est devenue que dépositaire, puisse prendre sur elle de créer pour les blessés des coupons de rentes sur l'état ?

On peut penser que les blessés de juillet se trouvaient dans un singulier embarras. Ils avaient instruit M. Grau de Saint-Vincent de la réponse contradictoire qu'ils avaient reçue, et M. le commissaire du gouvernement avait persisté dans la distinction qu'il avait établie.

Il eût la complaisance de donner une lettre pour M. le général Fabvier, président de la commission des récompenses nationales.

Une partie des blessés se rendit à son hôtel et ils eurent l'honneur d'être admis en sa présence.

M. le président de la commission des récompenses nationales s'est trompé, s'il a cru, comme il l'a manifesté, que l'adresse qui a été présentée à Sa Majesté avait pour but de répandre sur lui personnellement une diffamation coupable. Cette erreur a pu être la cause de ce mouvement de vivacité et de susceptibilité naturelle à un homme d'honneur, quand il se croit injustement attaqué. Les blessés se sont plaints des retards qu'ils éprouvaient, retards qui leur portent un si grand préjudice. Ils ont déposé leurs plaintes au pied du trône, et ils étaient sûrs d'être écoutés. Il n'a nullement été question des membres qui composent la commission, qu'ils ne connaissent pas, ni de leur président particulièrement. Le rédacteur de l'adresse sait encore mesurer la valeur des termes dont il se sert, et il peut dire, comme hommage à la prudence guerrière de M. le général Fabvier, que s'il eût eu le bonheur de le rencontrer dans les journées sanglantes de juillet, lui et ceux avec lesquels il combattait se fussent empressés de se ranger sous sa bannière, et qu'ils eussent été glorieux de mourir sous son commandement et à ses côtés.

Mais il ajoutera aussi, et il prie M. le président de la commission des récompenses nationales de peser ces considérations, que les combattans et blessés de juillet ont droit à quelques égards, que ce sont eux qui ont fait la révolution, que ce sont des citoyens déjà faits à l'odeur de la poudre, que trois jours de combats les ont aussi rendus guerriers; qu'ils ont été assez heureux pour terrasser la tyrannie qui surgissait de la congrégation et des jésuites de Charles x, pour élever sur le trône un roi citoyen, un roi honnête homme, et qu'ils peuvent contempler avec satisfaction sur les épaules de plus d'un ancien militaire, les signes de distinction qu'il méritait sans doute depuis long-temps, mais que cette belle révolution lui a fait promptement obtenir.

Il répétera que cette immense révolution a été faite en trois journées, et que huit mois sont écoulés sans qu'aucun travail soit fini. Ils ne doutent pas du zèle de M. le président, mais ils se plaignent de la lenteur de la commission. On leur a fait promesses sur promesses, et ils n'en voient pas encore l'accomplissement. Ils se sont servis de la liberté de la presse, parce que cette liberté, c'est eux qui l'ont conquise. L'opinion aussi est juge souveraine, et ils étaient bien aises de parler à l'opinion, ils parlaient à leurs concitoyens, et leurs concitoyens les ont approuvés.

Les blessés retournèrent à la Ville, et ils

transmirent à M. le préfet de la Seine la nouvelle réponse qu'ils avaient reçue de M. le commissaire du gouvernement.

Il fut alors répondu qu'un conseil s'assemblerait pour juger la réclamation des blessés.

Une chose importante ressortait de cette réponse, c'est que la commission de secours existait, avec ou sans fusion avec la commission des récompenses nationales, et le mandataire des blessés adressa à M. le préfet de la Seine le mémoire suivant, pour être soumis au conseil.

A M. de Bondy, préfet du département de la Seine, député.

Monsieur,

Les blessés et victimes de juillet ont trouvé dans vous, monsieur, un magistrat intègre qui, touché de leur position et de la nature de leurs demandes, cherchait la vérité, ne voulait que la justice : aussi confians dans ce sentiment d'équité qui dirige vos actions, instruits qu'un conseil doit s'assembler pour juger leur réclamation, ils ont l'honneur de vous soumettre les motifs sur lesquels ils s'appuient, vous priant de transmettre au conseil les observations qu'ils ont cru devoir faire.

Un grand nombre de blessés, guéris et non guéris,

renvoyés de leurs mairies respectives avec l'assurance que le définitif leur avait été donné, et qu'il était inutile qu'ils se présentâssent de nouveau, furent étonnés par la comparaison de ce qu'ils avaient reçu, avec l'immensité des offrandes patriotiques, que cette quote part définitive fut aussi faible.

Ils n'ignoraient pas qu'ils restait en caisse beaucoup de fonds qui avaient été versés pour eux, et ils cherchaient à connaître pourquoi la distribution de ces secours avait été arrêtée tout à coup, et qu'elle devait être la destination future de ces sommes, dont le versement eût dû être affecté en entier pour eux.

Après une première démarche faite auprès d'un monarque que l'amour des Français désignait d'avance pour asseoir la vertu privée et la probité politique sur le trône, heureux de penser que s'ils avaient conquis la liberté, ils avaient par elle fait la conquête d'un bon roi, ils apprirent bientôt que, dans sa sollicitude paternelle, Philippe Ier avait chargé M. le ministre de l'intérieur de choisir un commissaire près la commission des récompenses nationales.

M. Grau de Saint-Vincent fut en conséquence nommé commissaire du gouvernement.

Une députation de blessés se rendit chez lui pour lui soumettre leur réclamation.

M. le commissaire du gouvernement, auquel les blessés aiment à rendre hommage, pour le touchant intérêt qu'il leur témoigna, répondit que

Ses fonctions étaient purement administratives,

Qu'il existait deux commissions;

Commission de secours,

Commission des récompenses nationales;

Qu'elles étaient distinctes,

Que le fonds de souscription n'avait aucun rapport avec la commission des récompenses nationales;

Que la commission des secours avait dépensé 765,000 f.

Qu'elle avait arrêté la distribution dans l'intérêt des blessés, le 8 octobre, pour affecter à chacun des coupons de rentes sur l'état;

Qu'il fallait donc s'adresser à la commission des secours.

Ce fut alors, M. le préfet, qu'ils se rendirent chez vous.

Promptement admis en votre présence, ils sortirent consolés, avec la persuasion qu'ils sauraient enfin où ils devraient porter leurs pas pour trouver les secours qui leur étaient si nécessaires.

Quelques heures après, monsieur le préfet, les renseignemens que vous désiriez prendre vous étaient parvenus, et vous répondîtes à la députation, que la commission de secours était fondue avec la commission des récompenses nationales, que ces deux commissions étaient la même, et que c'était là qu'il fallait réclamer les secours qui ne pouvaient être refusés à leur triste position.

Les blessés de juillet ne parlent point ici, monsieur, de votre générosité; l'homme de bien trouve la récompense d'une bonne action dans son cœur, mais ils doivent vous dire leur reconnaissance d'avoir ranimé leurs forces affaiblies par de longues privations.

Ils retournèrent à la commission des récompenses nationales, d'où ils furent renvoyés à la commission des secours, parce qu'il fut affirmé que la fusion n'existait pas. . . . .

. . . .

Enfin, monsieur le préfet, sans insister davantage sur cette fusion de la commission de secours avec la commission des récompenses nationales, que la caisse soit à la Ville ou à la Chaussée-d'Antin (1), que les membres soient différens ou soient les mêmes, un fait positif est son existence qui vous est aujourd'hui révélée, et cette révélation qui, dans votre zèle pour la justice vous a engagé à provoquer la réunion d'un conseil, engage aussi les blessés à vous adresser leurs observations.

Sans doute, monsieur le préfet, lorsque les blessés de juillet, bravant les soldats de la tyrannie, affrontaient leurs feux meurtriers, la mitraille qui décimait leurs frères, leurs amis, leurs camarades; lorsque soldats d'un jour, mais aguerris par l'amour de la liberté, ils méprisaient une mort presque certaine, les blessés n'étaient point guidés par la pensée que leurs efforts héroïques seraient récompensés.

Mais la France, mais la patrie, ne fut point ingrate, elle avait contracté une dette envers ses enfans, et cette dette fut noblement acquittée.

On pensa que les révolutions qui bouleversent tout, qui ne peuvent que pour l'avenir procurer

(1) Le siége de la commission des récompenses nationales est rue de la Chaussée-d'Antin, à l'ancien état-major.

de grands avantages, entraînent immédiatement à leur suite de grands malheurs, et par l'interruption forcée des affaires, plongent dans la misère une foule de malheureux.

Cette considération devint bien plus puissante encore, lorsqu'on apprit que la classe ouvrière surtout, s'était dévouée à la mort pour conquérir ou conserver nos institutions libérales, et cette classe si nombreuse dans la capitale, comptant dans son sein une grande quantité de blessés, par cela même privé de la possibilité de travailler, ne peuvent être soulagés qu'avec de l'argent.

Aussi les dons ont-ils afflué de tous côtés, l'Europe même, qui applaudit à notre glorieuse révolution, sympathisant avec nous, envoya le montant de ses souscriptions.

La commission municipale a reçu ces fonds patriotiques, et c'est ce dépôt sacré que réclament les blessés de juillet.

On a dit qu'on avait l'intention de créer pour eux des coupons de rentes sur l'état. Cette intention est louable sans doute, mais ils ne pensent pas qu'il soit permis d'affecter ces fonds à une destination différente que celle qui était assignée primitivement, sous le consentement des donataires, et les donataires ne peuvent adopter cette création de rentes.

Ici, monsieur le préfet, ils vous prient de bien distinguer, et ils adressent la même prière à messieurs les membres du conseil, les diverses catégories qui partagent les blessés.

Il est des combattans de juillet dont les blessures sont à peu près guéries, il en est d'autres qui souffrent encore; il en est, mais en petit nombre, qui seront toujours dans une incapacité absolue de travailler.

Ces derniers ont droit surtout à la pension, et les pensions seront prises comme l'établit la loi votée par les chambres, sur les 2,400,000 fr., alloués à cet effet à M. le ministre de l'intérieur.

Quant aux autres, la loi établit qu'il leur sera délivré une somme qui, une fois donnée, sera un définitif; et ayez la bonté, monsieur le préfet, de faire remarquer que cette loi pour les récompences nationales, en accordant un crédit de deux millions quatre cent mille francs à M. le ministre de l'intérieur, établit elle-même deux divisions, l'une pour les pensions, l'autre pour une somme une fois donnée :

De sorte que le définitif qui aurait été distribué dans les mairies, en admettant qu'il soit le *maximum* qui puisse être donné, n'a pu être pris que sur le *maximum* indiqué par la loi, sur les fonds votés par les chambres, mais non pas sur les souscriptions nationales qui ont été faites non pour créer des rentes, non pour faire des pensions, ni pour être conservées en dépôt, puisqu'il y a un crédit de deux millions quatre cent mille francs, dont une partie est consacrée à cet usage, mais pour être, ces souscriptions, distribuées en entier aux blessés guéris ou non guéris de juillet.

Ce sont ces fonds qu'ils réclament, c'est la distribution proportionnelle du produit de ces souscriptions qui les mettra au dessus du besoin, qui leur permettra de reprendre leurs travaux et leur état.

Les souscripteurs affirment que c'est dans ce but qu'ils ont souscrit.

Vous peserez, M. le préfet, ces considérations. Si leur quote part proportionnelle ne peut leur être délivrée à l'instant, ils sollicitent un secours qui leur permette d'attendre quelques jours.

Ils sont malheureux, ils sont sans pain, ils ont des dettes, ils ont faim, et ce sont eux que la France et l'Europe ont appelés les héros de juillet.

Ils se reposent en toute confiance dans vos lumières, dans votre équité, dans votre humanité, M. le préfet, dont ils ont déjà eu des preuves ; ils n'ont point formé d'attroupemens, ils ont suivi les conseils de sagesse et de modération qu'on n'a cessé de leur donner ; leur cause était trop belle pour la compromettre par aucun excès ; ils savent respecter la devise : *ordre public ;* mais ils savent aussi que l'ordre public n'a pour appui que la justice.

Différens obstacles empêchèrent la réunion de ce conseil ou commission de secours, au jour indiqué.

Mais M. le préfet de la Seine avait promis, et les blessés étaient tranquilles sur l'exécution de cette promesse. Le conseil s'est assemblé le lundi 28 mars.

Après avoir pris connaissance des lettres et

mémoires envoyés, il a été décidé, à l'unanimité, que chacun des réclamans devait s'adresser à sa mairie respective, et représenter le montant de la somme qu'il avait reçue, pour connaître ce qui devait lui revenir.

Les blessés doivent remercier M. de Bondy de la promptitude avec laquelle il a dirigé cette affaire si intéressante, il a plus fait en huit jours que toute la commission en huit mois.

Ils ont conçu pour l'avenir un espoir qui, s'ils ont le bonheur de le voir se réaliser, sera d'un grand allégement à leur position.

Il a donc été reconnu qu'il devait leur revenir quelque chose à chacun, le définitif si souvent préconisé par les mairies, n'est donc pas le définitif.

Le renvoi à chaque mairie, d'où les blessés avaient été renvoyés, pour représenter le montant de ce qu'ils avaient reçu, nécessite quelques réflexions.

Lorsque les mairies ont délivré des secours ou le définitif, chaque blessé a donné un reçu. Les membres de la commission des récompenses nationales assistaient à chacune de ces distributions. Il eût été heureux peut-être que le conseil eût chargé quelques-uns de MM. les membres de la commission des récompenses nationales de faire le relevé des sommes que chaque blessé a touché, et de voir ainsi du premier coup-d'œil, ce qui revient à chacun de ceux qui réclament. Il y a assez de membres principaux, de membres adjoints, de membres accessoires, de membres délégués, sous-délégués, pour faire dans chaque mairie ce travail rapide.

Nombre de blessés	Tant.
Secours distribués à chacun.	Tant.
Fonds alloués à M. le ministre de l'intérieur.	2,400,000 f.
Les pensions pour les veuves, orphelins, blessés grièvement.	
Souscription nationale et étrangères.	
Millions en caisse.	Tant.
Sur lesquels la commission de secours a versé.	765,000
Reste, millions.	Tant.
Chaque blessé a reçu une somme de	
Il lui revient une somme de.	
Balance.	0,000,000

Mais les blessés ne le dissimulent pas, ils craignent que ce renvoi dans les mairies pour fournir des notes, après l'attente qu'ils seront forcés de subir, s'ils prennent le passé pour exemple, ne leur soit bien pénible à supporter, car *vivendum est.*

Car, depuis le 8 octobre, époque à laquelle la distribution des secours a été arrêtée, n'a-t-on pas eu le loisir de faire ce travail; mais enfin ils doivent s'estimer heureux que leur demande ait été prise en considération, grace au zèle de M. le préfet de la Seine.

VISITE AUX MAIRIES.

Quelques jours après la discussion du conseil qui s'est assemblé à la Ville, et qui renvoyait aux mairies, plusieurs blessés s'y sont présentés. Quelques uns ont reçu une quarantaine de francs, avec l'injonction formelle de ne plus revenir, parce que c'était le dernier définitif.

D'autres ont reçu cinq francs, avec la promesse qu'on leur écrirait.

A d'autres, il a été répondu qu'il fallait attendre ce que la loi accorderait.

Le définitif du définitif sera-t-il le dernier définitif.

Le produit des souscriptions est-il épuisé? Non.

Les blessés n'ont pas la solution des questions qui ont été posées.

Que sur les millions versés par la France et l'étranger, la commission de secours n'avait dépensé que 765,000 fr., comme le prouve la lettre de M. le commissaire du gouvernement.

Que le surplus, par portions égales, appartient au blessés.

Et que si la commission de secours avait le projet d'affecter à chacun des coupons de rentes sur l'état, les blessés rejettent cette création.

Est-ce avec un dernier définitif aussi mince que ces malheureux pourront payer leur loyer, reprendre leurs effets engagés, remplacer ceux vendus, se procurer d'autres outils pour leur état.

On dit qu'on a l'intention de distribuer les récompenses pécuniaires suivant le degré de gravité des blessures.

Mais faut-il encore répéter que ce degré de gravité de blessures, ne peut être appliqué qu'à ceux qui doivent être pensionnés, et que la pension sera plus ou moins forte, suivant qu'ils seront plus ou moins blessés.

Mais ce qui est étranger à cette distinction, c'est la réclamation des blessés de juillet, qui ne sont pas portés pour les pensions.

Ces hommes, guéris ou non guéris, la France a dit : « Vous êtes des combattans de juillet, vous avez femmes, enfans, vous ne pourrez de long-temps vous livrer au travail, recevez le produit de nos souscriptions, partagez en frères, portions égales... »

Le gouvernement a dit : « Voilà des veuves des orphelins, des blessés, qui ne pourront plus se livrer à leurs occupations, payons aussi notre dette, il faudra créer des pensions suivant la gravité des blessures pour arriver à un important résultat.... 2,400,000 fr. à M. le ministre de l'intérieur. »

Qu'on établisse comme on le jugera convenable les pensions, mais les souscriptions doivent être distribuées en entier, elles ont été faites pour les besoins, pour l'urgence des besoins, pour être vraiment des secours.

Si l'on dit ; il n'y a plus rien : des comptes, des comptes et des comptes.

Or, les dépositaires ont trop d'honneur pour ne pas s'empresser de répondre à une demande de cette nature.

PARTICULARITÉS.

BON POUR UNE SOUPE.

Il est donc avéré qu'il reste en caisse des sommes considérables qui appartiennent aux blessés. Depuis le 8 octobre la distribution de ces secours a été arrêtée. Il n'était plus question de la commission de secours qui paraissait fondue avec la commission des récompenses nationales : il en a été question lorsqu'on a demandé pourquoi les mairies avaient cessé de délivrer ces secours. On a dit que le définitif avait été donné. Nous avons dit que ce définitif ne pouvait être pris que sur les fonds votés par le gouvernement : de sorte qu'il n'est pas douteux que l'on verra le tableau des sommes versées par les mairies, le nombre des pensions accordées aux blessés, veuves, orphelins, à quel chiffre se monte le définitif total, qu'ont eu les blessés, de manière à ce que les 2,400,000 fr., alloués à M. le ministre de l'intérieur, soient épuisés.

La commission de secours, celle qui est devenue dépositaire des offrandes patriotiques, n'a dépensé que 765,000 fr., c'est le surplus qui est l'objet de la réclamation.

Quant à la prétention de convertir ce surplus en rentes sur l'état, il est inutile de s'appesantir davantage sur l'illégalité de cette mesure: c'est un droit que ne peut s'arroger la commission de secours, elle n'est que dépositaire, et doit rendre le dépôt qu'elle a reçu en même nature.

On sait que les blessés de juillet sont réduits à l'état le plus misérable. Ils se présentent dans leurs mairies, et on les renvoie en leur disant qu'ils n'ont plus rien à recevoir. Le grand mot est lâché: Vous avez reçu votre définitif. Sitôt que ce mot est prononcé, il faut se taire, se résigner. Ceux qui inspirent le plus de pitié, et il existe toujours dans le cœur de l'homme un sentiment de commisération à la vue de son semblable, qui n'a d'autre éloquence que le cri de ses entrailles; à ceux-là, on leur donne un bon pour avoir un pain, à d'autres des jetons en cuivre, sur lesquels jetons il y a: *bon pour une soupe*.

Bon pour une soupe aux héros de juillet

affamés! Mais ce qu'il y a de plus curieux peut-être dans ce don de la charité, c'est encore moins le don par lui-même, que l'origine de sa création.

Je tiens un de ces jetons, et je lis autour ces mots : *Société Philantropique, le duc de Berry, président.*

Il n'entre pas dans mon caractère de tout blâmer ; de ce que le chef d'une famille royale déchue a fait des fautes graves, de ne pas reconnaitre ce qu'il y a de bon, d'humain dans les fondations que l'humanité inspira à quelques membres de cette même famille. Tout ce qui a pour but de soulager le malheur, la misère, est digne de nos respects, et il y aurait de la lâcheté à ne pas y rendre hommage. Ces lignes ne sont dictées que par un sentiment de justice, et l'on ne pourrait accuser mes intentions lorsque je puis dire que n'ayant reçu aucunes faveurs de l'ancien ni du nouveau gouvernement, ayant contribué à l'expulsion de la branche aînée des Bourbons, il doit m'être permis de tenir le langage que la vérité m'inspire.

Ces observations m'ont été suggérées par le blessé auquel les jetons ont été remis : Je n'en ai conservé qu'un seul pour en avoir un en ma possession, ce blessé disait : N'est-il pas honteux de nous donner, à nous, des jetons du duc ou de la duchesse de Berry, à nous qui l'avons chassé de France ? Veut-on nous faire penser que nous avons eu tort ; veut-on que nous répétions : Si nous ne sommes pas morts de faim, c'est au duc de Berry que nous le devons.

Ces réflexions amères ont été faites devant moi, devant d'autres blessés, devant d'autres personnes étonnése du langage naïvement énergique de ce blessé, et des moyens de secours qu'on leur délivrait.

Différens motifs m'ont engagé à donner de la publicité à ce fait.

D'abord il paraît peu convenable que des secours de cette nature soient délivrés aux combattans de juillet. N'est-ce pas une dérision que de remettre à des blessés, à des hommes qui se sont battus si vaillamment pour la liberté, qui ont sauvé notre gloire nationale, qui ont rappelé la France au rang qu'elle n'aurait jamais dû perdre, ces bons pour une soupe, créés sans doute dans des vues louables de philanthropie, dont la destination est réservée à des pères de famille malheureux, des femmes enceintes, etc., mais non pas à ceux qui ont versé leur sang dans les rues de Paris, lorsque le produit des souscriptions faites pour eux est là en dépôt?

D'un autre côté, on sait que, dans toutes les administrations, le personnel a été peu modifié. L'arbre de la congrégation n'est pas mort, ses rameaux sont étendus, sa sève pousse encore tous les jours de nouveaux rejetons... A-t-on voulu se jouer des malheureux, coupables d'être combattans de juillet? Est-ce une vengeance, une humiliation, un souvenir flatteur?

COUP-D'OEIL SUR LES COMBATTANS DE JUILLET.

Le passé peut sans doute offrir des leçons d'expérience, mais la fausse application que l'on fait souvent des exemples analogue qu'il fournit, dans l'espoir d'arrêter le mal que les mêmes causes ont produit, amène des conséquences funestes.

La première révolution fut grande, belle dans son origine, mais des excès nuisirent à son développement, arrêtèrent le cours des avantages qu'elle promettait.

Cependant de ces désordres naquit un bien immense. Plus tard nous en avons goûté les fruits.

Lorsque la révolution de juillet fut consommée, on a craint que des excès de même nature ne vinssent la compromettre, on a craint comme à la première que les nations étrangères ne tombassent sur la France, et que nous n'eussions à redouter un second envahissement de notre territoire, produit par les mêmes causes.

On est alors entré dans un système moyen qui avait pour but de concilier tous les partis.

Il n'y avait pas dans les commencemens de cette révolution assez d'éloges pour les combattans de juillet : on les élevait aux nues, on devait les voir bientôt dans les administrations, dans les places, les emplois de toute nature.

Cet enthousiasme se refroidit peu à peu. Une faute grave est commise d'abord, c'est la cessation des secours, si nécessaires à la position des blessés.

Ensuite les retards dans l'exécution des promesses qui devaient donner aux combattans une juste récompense.

Sans doute, des changemens dans lá haute administration, ensuite des mutations de préfets, sous-préfets, procureurs-généraux, procureurs du roi, substituts, etc., eurent lieu. Il n'en pouvait être autrement; c'était la conséforcée et promise de cette révolution.

Mais on pensa qu'en conservant les autres dans leurs places, dans leurs emplois, on les attacherait au nouvel ordre de choses; on craignit de faire des mécontens, et on les a conservés; on a cru à la reconnaissance, et on les a conservés.

Napoléon aussi eut cette croyance; la couronne impériale sur la tête, il voulut s'entourer de toutes les illustrations nouvelles et anciennes. La noblesse qu'il avait créée, et celle qui avait son origine dans la monarchie des Bourbons, parurent confondues. Aussi, cette cour, la plus brillante qui ait jamais existé, offrait-elle les contrastes les plus étonnans, les rapprochemens les plus singuliers. Napoléon pouvait compter sur la fidélité de ceux qui lui devaient leur élévation; ses frères d'armes, ses compagnons de gloire, étaient là pour soutenir ce trône appuyé sur la victoire. Il crut gagner l'affection de ceux qui revenaient de l'émigration, en les nommant à des emplois supérieurs, en cherchant à les indemniser des pertes que la révolution leur avait fait éprouver. Cette ame si belle ne pouvait songer à l'ingratitude. Cependant, lorsque les revers ébranlèrent sa puissance, lorsque, trahi par la fortune, il préféra un exil volontaire pour la tranquillité d'une nation qu'il avait faite si grande, à une guerre civile qu'il pouvait allumer sur tous les points; ces mêmes hommes qu'il avait appelés au sein de leur patrie, qu'il avait comblés de ses faveurs, l'abandonnèrent, se refusèrent même à exécuter les ordres qui pouvaient encore lui conserver la couronne, et à la restauration, ils se vantèrent auprès de l'auteur de la charte de leur fidélité. Ils disaient qu'ils n'avaient accepté ces emplois que pour préparer au fils de saint Louis les moyens qui devaient le ramener au palais de ses aïeux.... ils le disaient, et ils le diraient encore.

Ce sera une pensée toujours funeste à tous les gouvernemens que de croire que les hommes qui ont été partisans d'un système que l'on vient de détruire pourront aimer ce nouveau système.

Louis XVIII a été conséquent avec lui-même, avec la marche qu'il a voulu suivre. Charles X lui-même était conséquent; on savait où il voulait arriver, à la destruction de la charte, au triomphe complet de la congrégation, au pouvoir absolu.

Pour obtenir ces résultats, il a dû s'entourer de tous les hommes qui comprenaient sa pensée, qui s'identifiaient avec lui, prêts à le soutenir, à lui obéir aveuglément, et à l'appuyer dans l'exécution de tous les actes qui pouvaient faire réussir ce système politico-congréganiste.

C'est sous lui que la congrégation a pris une étendue inconnue jusqu'alors. Tous ceux qui voulaient quelque place, quelque emploi, grade, devaient être affiliés à ce corps, dont les secrets se dévoilaient au plus digne... L'autel sur le trône, l'encens que l'on fesait fumer sur l'un fumait sur l'autre en même temps. Il y avait jonction intime des intérêts matériels et spirituels...

Les Français souffriront le despotisme si, comme l'a dit un célèbre orateur, on les fouette avec des lauriers; mais un pouvoir qui cherche à les rapetisser, qui les soumet à des pratiques ridiculement superstitieuses, qui leur représente l'image d'un Dieu juste, bon, grand, environné des mesquinerie d'une fausse dévotion, injurieuse à la divinité, pouvoir qui leur offre les passions humaines dans ce qu'elles ont de plus contraires à la franchise du caractère, qui l'environne d'une nuée de prêtres (1) oubliant que leur royaume n'est pas de ce monde, pour gouverner l'état; ce pouvoir devient odieux, et toutes les classes de la société se réunissent pour le renverser.

Cet exemple a été frappant à la dernière révolution ; si l'on criait : *vive la charte !* le peuple aussi criait : *à bas les jésuites !*

Pourquoi ce dernier cri, surtout ? C'est que dans les classes malheureuses de la population, celles qui sont le plus près du besoin, qui, chargées d'une nombreuse famille, sont dans la nécessité de solliciter des secours de charité, l'in-

(1) Je n'ai point l'intention de déverser le mépris sur ces prêtres respectables qui sont vraiment dignes de prêcher la parole d'un Dieu : il en est qui, modestes dans leurs actes, fesant le bien sans ostentation, savent faire la part de l'humaine faiblesse, et laissent à l'Être-Suprême les arrêts de l'éternité...

N'a-t-on pas vu dernièrement le vicaire d'une Église prier avec ferveur sur les tombes des victimes de juillet et dire pour eux le chant solennel des trépassés ?

Un bon prêtre ne sera jamais un jésuite, *et vice versâ.*

fluence jésuitique se fesaient sentir avec son inquisition despotique. Les consciences étaient violentées, on ne pouvait obtenir de secours qu'autant que l'on offrait la preuve de son exactitude à remplir les pratiques religieuses les plus minutieuses. Cette sujétion de nécessité, qui contraignait beaucoup de mères de famille à se soumettre aux vues d'un jésuite mâle ou femelle, faisait abhorrer ce nom de jésuite, et ce peuple, qu'on cherchait à avilir depuis trop long-temps, humilié, savait en renversant Charles x qu'il renversait en même temps la puissance jésuitique, et que lui, peuple, recouvrerait sa dignité morale.

Aussi Charles x peut-il attribuer sa chute au jésuitisme qui s'est emparé de lui, qui l'a enveloppé, qui l'a entraîné à des actes arbitraires qu'il était trop faible pour soutenir.

Comment peut-on se figurer alors que les mêmes hommes qui portaient au gouvernement déchu une obéissance si passive, qui n'ont pu arriver à obtenir les faveurs du pouvoir qu'autant qu'ils se soumettraient aux conditions imposées par la congrégation, à qui la liberté fut toujours odieuse, puissent aimer cette liberté, y être fidèles, et conséquemment dévoués ou nouveau gouvernement.

Qu'un homme ait une opinion erronée, mais de bonne foi, il sera respectable dans son opinion; nos idées sont libres, notre conviction sur un système est une affaire de conscience, et M. Dupin a pu dire qu'il existait dans le parti royaliste des hommes auxquels il confierai plutôt sa fortune qu'à des hommes du parti libéral; abstraction faite de l'épigramme contre cette pauvre révolution de juillet, le fait est vrai, la probité est partout; mais l'on peut ajouter qu'un hypocrite, quel qu'il soit, ne mérite de qui que ce soit la moindre confiance, et que le parti jésuitique est essentiellement hypocrite, parce qu'il veut arriver à ses fin par des moyens toujours détournés, et chose étonnante! ses ramifications sont partout, ses membres sont partout, le plus grand nombre brille encore partout, pour eux il n'y a pas de révolution.

A-t-on cru ou croit-on se les attacher? on s'est trompé, comme Napoléon s'est trompé lui-même, comme se tromperont tous les gouvernemens qui, provenant d'une révolution, ne préfèrent pas les hommes de cette révolution.

A-t-on pensé que leurs idées étaient trop exaltées? a-t-on craint que chez eux la liberté n'approchât de la licence; qu'ils étaient bons pour tirer des coups de fusil, et pour en recevoir, mais que hors de là, ils devaient se renfermer dans leur primitive obscurité, avec leurs blessures, leurs exploits, et comme le disait un membre d'une mairie, la conscience d'avoir fait son devoir, en se battant pour la liberté?

En admettant qu'on ait eu à redouter leur exaltation pendant quelque temps, les huit mois qui se sont écoulés depuis cette époque de fièvre ont porté dans leurs sens un calme très rafraîchissant. D'un autre côté, il est impossible de participer à une révolution sans qu'il y eût exaltation d'idées, pas plus qu'il n'est possible d'être bon soldat, bon orateur, sans sentir dans son cœur cet élan énergique qui triple la force morale et physique. Quant à la licence, la conduite qu'ont tenue les combattans de juillet, le respect qu'ils ont montré pour les propriétés, l'ordre admirable qui a été conservé, l'humanité dont ils ont donné des preuves envers leurs ennemis, prouvent qu'ils sont incapables de s'écarter des règles d'une sage liberté, dignes au contraire d'être associés aux intentions du gouvernement qu'ils ont fondé. Quant à s'envelopper dans sa conscience, dans le sentiment de son devoir, cette satisfaction dont quelques uns peuvent se contenter ne convient pas à tous, car si les uns consentent à s'oublier, les autres ont devant eux l'avenir de leur famille.

Une chose que l'on ne devrait jamais oublier, c'est qu'une révolution n'est faite que pour la destruction des causes qui nuisaient à l'intérêt général. C'est donc un système nouveau que l'on embrasse, un système contraire; et pour un système nouveau, il faut des hommes nouveaux.

CONSÉQUENCES DE LA RÉVOLUTION DE JUILLET.

Naguère, sous l'empire, les bulletins officiels de la grande armée tenaient du prodige. La pensée du premier capitaine du monde fesait mouvoir des masses avec une rapidité incroyable. Ces masses, comme un homme seul qui eût voyagé, se promenaient de victoire en victoire, de capitale en capitale; aujourd'hui, Vienne, Austerlitz; demain Jéna, Berlin; paix d'un côté, guerre de l'autre, et toujours des triomphes.

Napoléon tombe, les masses tombent dans l'inertie... L'empire n'est plus qu'un rêve... La dignité nationale est compromises; on s'avisa même de contester à nos guerriers les titres d'illustration qu'ils avaient conquis sur les champs de bataille, théâtre de leurs exploits.

Qu'était devenue cette France si resplendissante de gloire?

Il fallait un coup de tonnerre pour réveiller ces masses qu'on enchaînait : la liberté le lança.

Et la France a recouvré son indépendance.

Il retentit en Belgique, et les Belges se soulèvent... les rues aussi sont ensanglantées; Paris avait donné l'exemple des barricades, et les barricades s'élèvent à Bruxelles.

Ils sont vainqueurs.... Les troupes hollandaises rétrogradent; là aussi la liberté triomphe.

L'Espagne se débat dans ses chaînes. Mina, Valdès, Olearo, font un appel aux patriotes de juillet (1); ils franchissent les frontières, arrivent dans ces gorges perfides, si propres à la surprise.

La bravoure ne put suppléer au nombre. Il fallut rétrograder. Le printemps devait voir se renouveler ces efforts généreux : l'île de Léon, pour la troisième fois, donne le signal ; la liberté aussi triomphera.

L'Italie, cette terre classique des beaux-arts, avait prouvé sous Napoléon que ses enfans n'avaient point dégénéré de leurs pères ; l'Italie s'agite au milieu des fers autrichiens qui la retiennent captive ; le drapeau de l'indépendance est arboré, c'est encore le drapeau tricolore... Ils deviendrons libres, la France saura faire respecter les principes qu'elle a proclamés.

Les peuples s'entendent, se comprennent : les peuples unis, est-il un pouvoir despotique qui leur résistera.

L'orage s'amoncèle dans le Nord, il doit écla-

(1) Un de mes frères s'est rendu à cette expédition. Il n'y eut pas assez d'accord entre les chefs espagnols. Le corps du général Valdès était composé de 370 hommes. Ils furent cernés par 1,500 miquelets espagnols. Après un combat de vingt-deux heures, réduits à 70, ils revinrent, au milieu des plus grands dangers, aux frontières de France.

ter sur la France... Les hordes sauvages de la Russie sourient à l'idée de revoir Paris.

Les Polonais seront l'avant-garde.

Les Polonais! frères d'armes, compagnons de gloire, Français du Nord, eux, marcher contre la France!

La Pologne a crié *liberté!* et la Pologne s'est soulevée.

Constantin a fui... Une partie de sa garde doit la vie à la clémence de ceux qu'il opprimait.

Le czar a frémi... « Soumission ou la mort, » leur dit-il; *la mort!* ont-ils répondu, et les champs de bataille attestent s'ils ont tenu parole.

Ils ont fait un appel à leurs fidèles alliés. Vous les avez entendus... Dans tous les pays, dans tous les lieux, les ossemens de leurs frères sont confondus avec les ossemens des Français. Leur gloire est la nôtre, nos victoires sont les leurs, et lorsque l'aigle abattit son vol audacieux, eux seuls nous soutinrent dans nos revers, eux seuls pleurèrent amèrement notre infortune, la Pologne était veuve de ses guerriers les plus chers, et ils pleuraient sur le sort de la France.

Vous les avez entendus; périront-ils?

Non, peuple généreux, tu ne périras pas; les mânes de Poniatowski n'accuseront point les Français d'une coupable indifférence.

Ah! que ne pouvons-nous, volontaires, franchir la distance qui nous sépare, traverser les pays ennemis, combattre, mourir avec toi! Tu les verrais ces Français s'ils t'aiment, tu verrais s'ils ont gardé le souvenir de tes hauts faits: peuple généreux! non, tu ne périras pas, la France entendra ta voix... déjà les amis les plus dévoués à la liberté ont répondu à ton appel (1). Mais si une politique égoïste nous fermait l'entrée de ton pays, si les masses hyperboréennes inondaient ta patrie, regarde la France, fraye-toi un passage les armes à la main, la France recevra ses frères d'armes, et de nouveau réunis, ils sauront reconquérir et vos foyers et votre indépendance.

C'en est fait du pouvoir absolu: la révolution de juillet portera ses fruits dans toutes les nations, et lorsque les peuples se seront jurés une paix éternelle, leur parole sera sacrée..

AFFICHE DE M, LE GÉNÉRAL FABVIER, POUR LES PENSIONS.

Monsieur le président de la commission des récompenses nationales vient de placarder aux

(1) Le comité polonais.

portes des mairies et dans Paris une longue affiche, qui avertit les ayant-droits aux pensions des longues formalités qu'ils ont à remplir pour arriver à la jouissance des pensions.

Il ajoute que la liquidation ne s'est point opérée jusqu'alors, à cause de la négligence des retardataires.....

Il est des ayant-droits qui prétendent que jamais ils n'ont eu connaissance de la totalité de ces longues formalités.

Qu'il eût été bien désirable pour eux que cette affiche, au lieu d'être placardée le 31 mars 1831, l'eût été le 30 août 1830.

Beaucoup de blessés affirment que les blessures qu'ils ont reçues dans les combats de juillet sont authentiquement reconnues, et que les preuves depuis long-temps en sont déposées dans leurs mairies respectives.

Mais, en tous cas, ils pensent qu'il n'est pas juste de faire supporter à ceux qui ont tout fourni les retards que d'autres, par des causes quelconques, apportent dans la remise de ces pièces.....

Il est inutile de faire des commentaires sur ce placard.

NOTES.

S'il est des personnes qui n'osent se déclarer combattans de juillet, je suis loin de redouter ce titre.

Je le répète, si je parle brièvement de moi et de mes frères, qu'on veuille être persuadé que je ne suis guidé par aucun sentiment de vanité, d'une ridicule gloriole; j'ai la conscience de mon devoir, le souvenir de quelques services, et ma récompense sera l'estime de mes concitoyens.

Je me suis constitué le mandataire des blessés; je les connais; c'étaient mes frères d'armes : je dois tenir à prouver que la conduite que j'ai tenue a pu me rendre digne de ce mandat.

Le 27, dès neuf heures et demie du matin, mon frère Prudent et moi nous nous trouvâmes place de Grève.

Arrive un détachement de la garde royale. Il se place au bout du pont. A peine est-il arrêté, qu'il fait feu, sans aucune provocation de la part des citoyens.

Les balles percèrent nos rangs épais. Plusieurs blessés, deux tués. L'indignation était à son comble. La résistance commença. Nous parvînmes à faire rétrogader les soldats jusqu'à la place du Châtelet.

Peu de temps auparavant, un maréchal-des-logis et deux gendarmes avaient été tués sur le Pont-au-Change. Les premiers ils avaient fait feu.

Entre onze heures et midi, le drapeau tricolore planté sur les tours de Notre-Dame.

De là à la ville.

A cette heure parurent sur le Pont de la Grève plusieurs brancards transportant à l'Hôtel-Dieu les premières victimes de la journée.

L'après-midi, la garde royale vint en force.

Absens quelques heures, nous revînmes autour de la Grève par l'île Saint-Louis et les rues détournées.

Le canon grondait... Il était dirigé sur les points où la population paraissait réunie.

Mon frère Prudent Cand. Ph. eut le bonheur de panser quelques blessés.

Le lendemain 27, à la place de l'Estrapade, désarmement de la caserne. Reddition de fusils, sabres, gibernes.

Découverte que j'ai le bonheur de faire d'un dépôt d'armes, comme je l'ai expliqué dans la note.

Armement de plus de deux cents ouvriers.

Distribution de munitions, cartouches, balles, trouvées dans la même cave. Choix d'un élève de l'école polytechnique pour nous conduire.

Réunion au quartier-général, place de l'Odéon.

Départ. Rues de l'Odéon, Dauphine, Pont-Neuf; rues de la Monnaie, Montmartre, des Fossés-Montmartre. Station sur la place des Victoires. Les élèves de l'école polytechnique sautent par dessus la grille de la statue, pour délibérer sur les moyens d'attaquer le Louvre.

Retour par les mêmes rues.

Attaque et prise du Louvre.

De là, combat au Pont-Royal; mon frère Prudent sauve la vie au portier de la maison rue du Bac, n. 1.

Prise des Tuileries. Mon frère Prosper trouve deux soldats de la garde et un Suisse blessé au genou. Ces malheureux demandent la vie. L'irritation du peuple était à son comble. Plusieurs bourgeois et lui leur donnent des casquettes; on les recouvre de couvertures, et, sur des brancards, ils les font porter et les escortent jusqu'à l'ambulance.

Mon frère Prudent aperçoit un voleur qui se sauvait des appartemens de la duchesse de Berry; il l'arrête en lui disant qu'on était ici pour combattre et non pas pour voler; il le conduit à la pharmacie du château, lui fait déposer les objets volés, et lui ordonne de ne plus se montrer dans ces lieux s'il ne veut être fusillé.

Combat rue de Rohan. Nous approchons de la maison de M. Courtois, marchand de vin... On espère de son premier avoir une position avantageuse. On frappe, pas de réponse. On défonce la porte... Une jeune femme, son enfant, une femme âgée, un homme qui paraît le maître de la maison, tout le monde effrayé se sauve. La foule, écrasée par la chaleur du jour et du combat, entre dans la boutique; j'entends les cris: *à la cave*.... je saisis par le bras un homme de la maison, je le place à côté de moi avec mon fusil: « Vous êtes venus ici pour combattre, et non pour boire, leur dis-je; vous avez soif, buvez avec ordre; mais descendre à la cave est une lâcheté indigne de vous; jurez que celui qui s'avilira au point de s'enivrer sera désarmé par ses camarades... respectons les propriétés... » Le serment est fait... l'ordre est rétabli et la confiance renaît. On retourne se battre. Mon frère Prudent tire et panse les blessés. M. Courtois a fourni beaucoup de linge, jusqu'à déchirer des chemises en toile.

« Nous sommes mitraillés de chez le chapelier, me dirent une vingtaine de combattans, monsieur à notre tête, et la visite. »

Je les conduis au milieu des balles qui se croisaient de toutes parts. Nous arrivons au premier.

A la vue de cette troupe armée, M. Moizard paraît effrayé; il craint du désordre chez lui. Je fais rester ma troupe armée dans l'escalier, les avertissant qu'un coup de fusil de moi les avertirait.

Là, deux morts; un homme, qu'on m'assure être un bourgeois, sur le point d'expirer....

M. Louvrier, pharmacien du château, a attesté la remise des objets que mon frère fit restituer.

Le portier, rue du Bac, a attesté qu'il lui devait la vie.

M. Courtois a attesté que j'ai conservé l'ordre dans sa maison.

Les blessés ont attesté les pansemens qu'a faits mon frère de leurs blessures, sur le lieu même de l'action, d'où nous les retirions pour les envoyer à la Charité.

M. Moizard a certifié que la troupe armée que je commandais dans ces circonstances périlleuses, je l'avais fait rester dans l'escalier, près de la porte d'entrée, et qu'aucun désordre n'avait été commis dans cette visite.

Le soir, de garde au Louvre, malgré une blessure reçue au bras.

Plus heureux qu'un frère d'armes, qui, sous ses yeux, auprès de nous, a vu périr ses deux frères, les balles nous ont épargnés tous trois. Si la liberté a encore besoin de nos bras, elle ne les réclamera pas en vain.

FAITS PARTICULIERS.

J'ai dit que les combattans de juillet étaient loin d'obtenir les récompenses qui leur étaient dues : je vais, parmi les faits nombreux qui sont à ma connaissance, et sur l'exactitude rigoureuse desquels j'ai des preuves positives, en citer deux qui sont assez saillans pour mériter une mention particulière.

M. Boudeville est fils d'un ancien militaire, d'un brave que Napoléon connaissait et estimait, c'est assez faire son éloge. M. Boudeville chercha à se rendre digne de son père; il répondit des premiers à l'appel de la patrie.

Le 27, dès le matin, monté sur une borne, il lut à la foule assemblée le journal *Le Temps*, dons les articles respiraient un ardent patriotisme.

Le 28, au faubourg Saint-Germain, il sauva les archives de famille du xe arrondissement.

De là, désarmement du poste de la rue des Saints-Pères, de l'Abbaye, rue Sainte-Marguerite. De ses deniers il fournit des alimens aux soldats qui en étaient privés. Il laissa l'épée à l'officier du poste. Pendant quatre heures il monta la garde rue Taranne. Il arrêta le transport de dépêches qui eussent pu nuire au triomphe de la liberté.

Il fondit, avec un serrurier nommé Brochon, deux cents balles et fit autant de cartouches.

Le 29 juillet, beaucoup de combattans, avec qui il s'était trouvé la veille, le nommèrent leur commandant.

Il les conduisit à la caserne de Babylone; il fut blessé.

Le 30, il sauva six Suisses qui allaient être fusillés.

Le 31, il organisa en colonne mobile tous ceux qui ne l'avaient pas quitté depuis deux jours.

Il fut reconnu par MM. Fain et Crapelet, imprimeurs, à la mairie du XIe, comme le commandant d'un grand nombre de volontaires.

Il partit avec eux à Rambouillet. Il eut l'honneur d'escorter M. Georges Lafayette.

Après la campagne de Rambouillet, il les ramena à Paris, les plaça à à la caserne de la gendarmerie d'élite, resta avec eux, leur fit distribuer des vivres, fournit plusieurs postes importans.

Ces hommes sans pain, la plupart sans asile, il les avait soumis à une discipline sévère. Aucun n'a manqué à l'honneur, à la probité. Il les a conservés jusqu'au 8 août, époque du licenciement.

Ces faits sont prouvés par MM. les maire, adjoints, secrétaires, chef de bataillon Renouard, Daubigny, Conseil, Coursier, major, adjudant-major, Meunier Richard, pharmacien; Souvage, Marais, commandant le camp de Vaugirard. Et malgré leur rigoureuse exactitude, malgré une enquête sollicitée qui n'a pas eu lieu, n'ayant mérité jamais aucun reproche sur sa conduite, brave, plein d'honneur, de probité, jeune, fils d'un ancien militaire, il n'a pas pu même obtenir le grade d'officier; il n'a pu parvenir à se faire porter sur ces listes ou de lieutenans ou de sous-officiers.

VOICI LE SECOND FAIT.

M. Alexis Vitrier, demeurant place Cadet, N° 25, s'est distingué dans les journées de juillet d'une manière particulière.

Il a paru en combattant sur différens points de la capitale. Rue de Richelieu, il a fait battre seul avec un tambour la charge au milieu de la rue, en avant; il a réuni un certain nombre de citoyens: les balles sifflaient de tous côtés.

Rue de Rivoli, il a contribué à la prise de la pièce de canon.

Rue Saint-Honoré, une balle lui a cassé son fusil dans

les mains, et les éclats lui ont occasioné une blessure grave à l'épaule.

Le lendemain 30, il se trouvait chez M. Gerard, portier, rue St-Georges, N° 28, plusieurs personnes entraient dans la cour portant des sacs d'argent, il demanda qui ils étaient : il lui répondit que c'étaient les portiers des Tuileries. « Comment! s'écria ce brave, ce sont les portiers des Tuileries qui enlèvent l'argent! mais le peuple sera accusé, il ne faut pas, après la conduite si noble qu'il a tenue, qu'une tache semblable soit imprimée sur lui, il faut déclarer cette soustraction; courez à l'état-major de la place, et moi je ne les perds pas de vue.» L'un sortit chargé d'une hotte excessivement pesante, il se reposa rue Montholon (1) et rue Charles x. Le combattant intègre de juillet le suivit jusqu'à la barrière Saint-Denis où il s'arrêta au N° 124. On s'y est transporté de l'état-major, on y a trouvé 7 à 8 sacs pleins qui, joints à ceux qu'on a repris rue St-Georges, ont pu former une somme de 100,000 fr.

On assure que ce portier est en place actuellement au même poste qu'il occupait, après avoir déclaré que ces fonds devaient être remis à Charles x.

Et l'honnête homme, l'intrépide Alexis Vitrier qui, comme récompense de sa conduite, avait demandé deux Nos de cabriolet, n'a pas même reçu de réponse, et il est plongé dans la plus affreuse détresse. Il eût été si facile de le rendre heureux !

Dans ce précis rapide des immortelles journées de juillet, je n'ai pu parler de tous les actes de dévoûment : les dames des passages du Caire et du Saumon surtout se sont distinguées par leur courage, leur abnégation d'elles-mêmes, leurs soins de la plus touchante humanité.

Les médecins, les pharmaciens ont apporté partout,

(1) Rue Montholon, quand il se reposa, M. Vitrier lui dit : « Eh bien, camarade, vous êtes bien chargé... — Cela ne vous regarde pas, » telle fut la réponse.

avec zèle, le tribut de leurs connaissances et de leur patriotisme : c'est ainsi qu'on a vu M. Lecourt, pharmacien, rue St-Martin, N° 199, mettre sur sa porte, dans la journée sanglante du 28, Secours aux blessés, et son épouse, guidée par la même noblesse de sentimens, contribuer avec son mari à leur soulagement, inviter les blessés à venir à la pharmacie pour les soigner..... S'il est beau de risquer sa vie pour la liberté, il n'est pas moins beau de voir un accord aussi unanime parmi les citoyens : honneur aux braves ! honneur à ceux qui les ont secourus !

FIN DES NOTES.

www.ingramcontent.com/pod-product-compliance
Ingram Content Group UK Ltd.
Pitfield, Milton Keynes, MK11 3LW, UK
UKHW021109290826
14628UKWH00014B/1425

9 782012 393981